국사 교과서 논란 넘어서기

조동일

서울대학교 명예교수, 대한민국학술원회원
일본어, 중국어, 월남어로 번역된 《동아시아문명론》 외 저서 60여 종.

국사 교과서 논란 넘어서기

초판 제1쇄 인쇄 2015. 10. 26.
초판 제1쇄 발행 2015. 10. 30.

지은이   조 동 일
펴낸이   김 경 희
펴낸곳   (주)지식산업사
　　　　본사 ● 10881, 경기도 파주시 광인사길 53
　　　　　　전화 (031) 955-4226~7 팩스 (031) 955-4228
　　　　서울사무소 ● 03044, 서울특별시 종로구 자하문로6길 18-7
　　　　　　전화 (02) 734-1978 팩스 (02) 720-7900
　　　　한글문패 지식산업사
　　　　전자우편 jsp@jisik.co.kr
　　　　등록번호 1-363
　　　　등록날짜 1969. 5. 8.

책값은 뒤표지에 있습니다.

ISBN 978-89-423-3814-6 (03900)

이 책을 읽고 저자에게 문의하고자 하는 이는
지식산업사 전자우편으로 연락바랍니다.

국사 교과서 논란 넘어서기

조 동 일

머리말

　국사 교과서를 국정으로 한다는 결정을 둘러싸고 격론이 벌어지고 있다. 의견 접근을 위한 성실한 토론은 없고 대립이 격화되기만 한다. 이런 위기 상황을 타개하기 위해 나서지 않을 수 없다.

　영어를 공용어로 하겠다고 했을 때《영어를 공용어로 하자는 망상: 민족문화가 경쟁력이다》(나남출판, 2001)라는 책을 써낸 것과 유사한 사태가 벌어졌다. 그 책을 몇 달만에 쓴 것이 보람이면서 과오였는데, 지금은 그만한 여유도 없다. 시간을 최대로 단축해 할 말을 하고자 한다.

　어느 편을 들자는 것은 아니다. 시사평론을 하려는 것도 아니다. 논란을 근본적으로 해결하는 최상의 방안을 제시하고자 한다. 너무나도 이상적인 주장을 편다고 나무라지 않기 바란다. 이상이 있어야, 당면한 이해관계에 매몰되어 무익한 시비를 하는 데서 벗어나, 잘못된 현실을 바로잡는 지표를 마련할 수 있다.

어떤 긴요한 문제에 관해서든지, 열띤 논란에서 한 발 물러나 원론 차원에서 포괄적인 논의를 펴고, 근본적인 해결책을 제시하는 것이 학자의 임무라고 생각하여 해야 할 일을 한다. 오랫동안 연구해 얻은 성과를 보람 있게 활용하고자 한다. 논의가 너무 심화되어 쉽게 이해하기 어려운 대목이 있더라도 꼼꼼히 읽어주기 바란다.

시간 여유를 가지고 자세한 고찰을 하지 못해 내용이 엉성할 것을 각오하고 인정한다. 이미 해놓은 작업을 필요한 대로 이용하는 것을 양해하기 바란다. 인터넷 카페 "한국신명나라"에 올리려고 쓴 글을 여럿 가져다 쓴다. 미비점을 보충하기 위해《인문학문의 사명》(서울대학교출판부, 1997)에 수록해 발표한 글 하나를 줄이고 다듬어 제2부에 옮긴다.

주장하는 바가 학문적으로 타당하다고 인정되는 데 그치지 않고 실행되기를 바란다. 실행은 정책 변화가 있어야 가능하다. 국사 교과서를 국정으로 하겠다는 지금의 집권 여당에는 기대를 하지 않는다. 지금의 야당이 집권해 이 책에서 편 지론을 받아들여 실현하기를 간절하게 바란다.

잘못을 바로잡고 문장을 다듬을 수 있게 도와주신 최명환, 이은숙, 두 분께 깊이 감사한다.

2015년 10월 20일

조 동 일

차 례

제1부 당면 과제 해결 방안

1. 논의의 발단

국사 교과서를 국정으로 한다는 데 대해 어떻게 생각하느냐 하는 질문을 나의 홈페이지에서 받고 다음과 같이 대답했다.

> 대립 관계를 가지는 다양한 사고를 하면서 정치적인 제약이 없이 자유롭게 학문하고 교육할 수 있도록 하는 것이 자유민주주의의 원리이고 가치이다. 학생들이 이런 교육을 받고 상극(相剋)이 상생(相生)임을 체득해야 한다. 대한민국을 지킨다는 명분으로 자유민주주의 학문과 교육을 유보하려는 것은 자해 행위에 가까운 오판이다. 교과서를 단일화해서 반

론을 막고 국론을 통일하려고 하는 시책은 실패를 가져오는 전체주의적 발상임을 과거의 역사가 거듭 입증한다. 그 단계를 힘들게 노력해 넘어섰는데 이제 와서 되돌아가려고 하니, 3만 불이 된 국민소득을 5천 불로 되돌리려는 것과 다르지 않다.

현행 교과서에 우려할 만한 편향성이 있다고 해도 검인정의 제도를 유지하면서 또 시정하면 된다. 북한에 대한 긍정적인 서술은 용납할 수 없다고 하고, 북한에 대해서는 비난만 해야 한다는 것은 역사를 이해하는 관점이 아니다. 북한이 토지개혁이나 일제 잔재 청산 등 몇 가지에서(민족 고전 번역과 현대화도 포함 가능하다) 일단 앞서 대한민국이 분발하게 한 사실을 인정하는 것이 포용성을 입증하는 균형 잡힌 서술이다. 통일을 바람직하게 이룩하려면 생각을 넓히고 북한의 기여를 수용해야 한다.

현 정권은, 이해하기 어려운 패배주의에 사로잡히고, 자유민주주의에 대한 확신이 부족해 극우파로 기울어지면서 전체주의의 망령에 향수를 느끼고 있다. 그렇다 하더라도, 역전의 시위꾼들이 다시 나서서 촛불 집회부터 하고 점차 강도를 높이는 정해진 순서에 따라 국사 교과서 국정화를 극렬 투쟁으로 저지해 굴복을 요구하면, 과거의 전례가 언제나 그

랬듯이 사태 해결은 멀어지며 나라가 크게 혼란해지고 불행해지기나 한다. 극우파도 전면에 나서서 반대 시위를 하면서 극언을 일삼고 공포 분위기를 조성하기까지 하는 것도 우려할 만하다. 통합을 위한 시책이 분열을 극대화하는 데 이른다. 중도의 지혜는 양쪽의 공격을 받아 설 자리가 없게 된다. 그래도 할 말은 해야 하므로 이 글을 쓴다.

이번 사태는 현 정권이 재집권을 포기한다는 선언임을 알아차리고, 정권을 인수해야 하는 쪽에서 정신을 차려야 한다. 극좌 노선으로 반격을 하면 야당도 집권 능력이 없다는 것을 입증해 암담하게 된다. "우리가 집권하면 좋은 방향으로 시정을 할 터이니, 유권자들이여 표를 달라" 이렇게 말하는 것이 적절한 대응책이다. 좋은 방향이 무엇인지 미리 보여주는 것이 바람직하다.

균형 잡힌 고견은 들어보지 않고 국사 교육을 정치인의 수준에서 판단하고 관료기구에 맡겨 실무를 담당하게 하는 집권당의 과오를 야당은 되풀이하지 말아야 한다. 학문을 정치로 삼는 친야 성향의 논객들이 주위에 있어 든든하고 잘 도와주리라고 믿는 것도 잘못이다. 학문과 교육이 좌우 양쪽의 정치적 지배나 간섭에서 벗어나야 나라가 제대로 된다. 학문의 자유가 국가의 수준을 판단하는 최상의 척도이다. 학문의 수준이 교육의 수준을 결정한다. 이 목표를 달성하는 데 도움이 되는 정당이 집권해야 한다.

국사 특히 근현대사에 대한 연구가 많이 모자라는 상태에서 근본은 다지지 않고 교육을 서둘러 지금의 사태가 벌어졌다. 학계에서 책임을 통감하고, 국사 특히 근현대사 연구에 더욱 힘쓰고 토론을 아주 활발하게 해서 교과서를 집필하는 근거와 지침을 든든하게 만들어야 한다. 국사만 내세우지 말고 동아시아사, 세계사 연구도 함께 혁신해야 한다. 장차 그 모두를 연관시켜 고찰하는 통합된 '역사' 교과서를 만들어야 한다.

이 글을 고교 동문회 홈페이지에 올렸더니 반론이 제기되었다. 현행 교과서가 잘못되어 있는 실례를 여럿 들고, 교과서를 국정으로 해서 바로잡아야 한다고 했다. 역사학과 역사는 구별해, 고등학교까지는 사실의 역사를 가르치고, 주관이 개입된 역사학은 대학에서 하는 것이 마땅하다고 했다. 이에 대해서 다음과 같이 응답했다.

그런 잘못을 검인정 과정에서 자연스럽게 걸러내지 못한

직무유기를 교과서 국정화로 시정하려고 해서 거센 반발을 일으키는 것은 무능이고 실책이다. 문제를 두고 논란하고 토론하는 교육을 고등학교에서는 하지 않고 대학으로 미루면 선진국이 되는 것을 포기한다. 창조력을 죽이고 무슨 창조경제를 하는가? 미해결의 문제가 많고 통일된 교과서를 쓸 만큼 역사 연구가 정립되어 있지 않은 형편인데 정치적인 요구가 무리하게 작용해 주입식 교육의 교재를 만들면 최악의 결과가 나올 수 있다. 역사학을 거치지 않고 역사를 논의할 수는 없다. 학생들이 수학을 배우듯이 역사 문제에 관한 논란도 공부해야 한다.

위의 두 글에서 최소한 필요한 말은 했다. 그러나 너무 간략해 보충 논의가 필요하다. 논의를 더욱 진전시켜 내가 생각하는 좋은 방향이 무엇인지 구체화해야 한다.

2. 문제를 발견하는 학습

'역사는 사실이다. 사실을 가르쳐주면 역사교육에서 할 일은 다 한다.' 이렇게 단언해도 되는가? 사실은 인식해야 확인되는데, 인식 방법이 항상 문제이다. 사실은 무한한데 거론할 수 있는 것은 얼마 되지 않거나 너무 많아 또한 선별에 문제가 있다. 일방적으로 인식하고 선별한 사실을 제시하고 절대적이니 시비하지 말라고 하는 것은 좌우 양쪽 전체주의의 공통된 횡포이다.

사실을, 인식 방법과 선별 기준과 관련시켜 말하는 것이 역사 이해의 온당한 방향이고 역사교육의 과제이다. 인식 방법과 선별 기준에는 가치관이 개입된다. 사실을 인식하고 선별하면서 가치관을 문제 삼는 것이 공부의 내용이고 목표이기도 하다. 가치관에 관한 논의는 추상화된 개념이 아닌 구체적인 사실과 관련시켜 진행하는 것이 바람직하다.

역사에 관한 논란은 창조력 함양이고, 논리 수련이고, 문장 연습이고, 가치관 연마이다. 제기된 문제가 심각하므로 아무렇게나 대답해도 그만이라고 할 수는 없다. 이런 다목적의 작업을 다른 데서 하기 어렵다. 창조력 함양이나 논리 수련은 자연과학에서 하면 되고 역사 공부와는 무관하다고 하는 것은 무얼 모르고 하는 말이다.

자연과학을 새롭게 개척하는 창조 작업은, 예비 학습과 수련의 과정이 너무 길고 힘들어 소수의 전문가가 할 수 있다. 써낸 논문을 예사 사람들은 물론 전공 분야가 다른 학자들도 알아보지 못해 광범위한 토론 대상으로 삼을 수 없다. 밝혀낸 원리가 가치관 논란과 어떻게 연결되는지는 연구한 당사자도 알기 어렵다.

자연과학 연구 결과가 기술 혁신이나 산업 발전으로 나타나 세상을 크게 바꾸어놓는 것을 문제 삼으려면 오랜 기간 기다려야 하고, 그것은 역사학의 과제가 된다. 과학사, 산업기술사는 자연과학에서 감당할 수 없는 역사학의 분야이다. 과학만 대단하게 여기고 과학사는 돌보지 않으면 나침반 없는 배의 동력을 향상시키는 것과 같다. 후진국일 때에는 선진국의 궤적을 따라가기만 하면 된다고 생각했으나, 선진으로 나서려면 역사 통찰이 있어야 한다.

자연과학만 창조력의 함양과 실현을 독점한다고 인

정하고 일방적으로 숭상하는 것은 오해에 근거를 둔 미신이다. 자연과학이 발전하면 창조력이 향상되는 것이 아니고, 창조력이 향상되어야 자연과학이 발전한다. 창조력 향상은 허공에서 이루어지지 않는다. 가치에 관한 논란은 배제하고 내용이 없는 사고를 기계조작과 같은 방식으로 하면 성과를 거둘 수 있다고 믿는 것은 망상이다.

현실에서 당면하는 가치관의 문제를 온당하게 인식하고 해결하는 데서 창조력이 향상된다. 문제가 사고를 촉발한다. 논란을 중단하고 휴식을 하지 못하게 다그친다. 이리저리 얽혀 신음하게 하는 혼란에서 벗어나려면 스스로 결단을 내려 창조적인 사고로 돌파구를 마련해야 한다. 현실의 커다란 문제에 관한 창조적 해결이 창조력 향상의 최상 방안이고, 창조력 활용의 최대 성과이다.

학생들이 이런 작업을 직접 하라는 것은 무리이다. 현실 문제를 인식하고 해결하는 훈련을 하는 것이 교육이다. 이런 훈련은 현실을 직접 상대하지 않고 역사를 다루면서 하는 것이 마땅하다. 역사에서 제기된 문제는 오늘날 현실에서 직접 체험하는 것들보다 오히려 더욱 심각했다. 수많은 사람의 생사와 관련된 시련이 적지 않았다. 그런데 오늘날 우리는 한 걸음 물러나 자초지종을 다 알고 재검토한다. 이에 관한 논란을 학생들과 함께 교실에서 하는 것이 최상의 교육이다.

역사 논란으로 키운 능력이 학문을 연구하고, 과학을 발전시키고, 국정을 수행하고, 기업을 경영하는 등의 모든 영역에서 절대적으로 필요하다. 이런 교육은 하지 않으려고 하고, 올바른 역사의식을 가르치겠다고 하니 땅을 치고 통곡할 일이다. 확고한 정답이 있으니 올바른 역사의식을 믿고 따르라고 하는 교육이 허구이고 기만임을 밝히기 위해 역사에서 제기되는 문제를 들어보자.

여기서 드는 것들과 같은 문제를 감추거나 이미 정답이 있으니 방황하지 말라고도 한다. 주입식 교육으로 가르치는 대로 따르라고 하면서, 오늘날의 정치적 조작에서 필요한 주장을 역사의 이름을 도용해 분식하고 합리화하려고 한다. 무용(武勇)사관으로 애국주의를 고취하면 역사교육에서 할 일을 다 한다고 하면서 국민을 우매하게 만들어 다스리기 좋게 만들고자 한다.

역사 공부는 문제 발견에서 시작된다. 학생들이 스스로 문제를 발견하는 것을 선결과제로 삼아 수업을 진행해야 한다. 발견한 문제에 대한 해답을 자료를 찾고 책을 읽고 생각을 가다듬어 정리해 발표하고 토론하는 것이 마땅하다. 여러 학생이 각기 다른 주장을 펴서 상극을 확대해야 상생이 커진다.

학생들이 발견해야 하는 문제를 미리 말하는 것은 월권이고, 교육을 망치는 배신 행위이다. 그러나, 문제 발견이란 도대체 무엇이냐 하고 대들면서, 쓸데없는 수작 집어치우라고 하는 방해꾼들까지 알아들을 수 있게 말하고자 한다. 몇 가지 예를 들어 다음과 같은 문제에 대해서 어떻게 생각하는가 묻는다.

단군(壇君)의 나라를 기자(箕子)가 망쳤는가, 발전시켰는가? 1910년에 국권을 상실하자 우국문인 김택영(金澤榮)이 〈오호부〉(嗚呼賦)를 지어 "기자의 제사를 누가 지낼 것인가"라고 하고 탄식한 것을 어떻게 생각하는가?

위치가 한쪽에 치우치고, 터전이 협소하고, 발전이 뒤떨어지고, 가야보다도 열세였던 신라가 삼국 통일의 능력을 어떻게 해서 얻었는가?

최치원(崔致遠)은 당나라에서 돌아와 신라에서는 뜻을 이루지 못하고 신선이 되었다고 한다. 어쩔 수 없었는가, 그러지 않을 수 있었던가? 응답자가 최치원이라면 어떻게 했겠는가?

삼국 통일과 후삼국 통일은 어떻게 다른가? 김춘추(金春秋)와 왕건(王建)을 비교하면 이 문제에 대한 해답을 얻는 데 어느 정도 도움이 되는가?

고려의 무신란(武臣亂)은 역사를 파괴했는가, 쇄신했는가? 이규보(李奎報)와 관련시켜 이 문제를 논의하는 것이 필요하고 가능한가?

정몽주(鄭夢周)와 정도전(鄭道傳)의 차이를 어떻게 이해하고 평가해야 하는가? 두 사람에 대한 비교 평가의 시대적 변천에도 논의할 문제가 있는가?

고려 말에 세상이 극도로 혼란하고 민생이 도탄에 빠졌다가 조선왕조 초기에 가장 안정되고 발전된 시대가 나타난 변화를 어떻게 이해하고 설명할 수 있는가?

임진왜란에 참전했던 중국과 일본은 왕조가 교체되었는데, 본바닥의 조선왕조는 지속된 이유와 결과가 무엇인가? 선조(宣祖) 임금이 압록강을 넘어가지 않은 사실은 이 의문을 푸는 데 어느 정도 소용되는가?

당쟁에 대해서 어떻게 생각하는가? 당쟁을 하지 말았어야 한다면, 정권 교체는 어떻게 해야 했는가? 다른 나라에서는 어떻게 정권 교체를 했는지 알아 비교 고찰할 수 있겠는가?

홍경래란(洪景來亂)이 성공했다고 가정하면 나라가 어떻게 되었겠는가? 응답자가 홍경래라면 어떻게 했겠는가?

신채호(申采浩)가 "일본의 강도 정치 하에서 문화운동을 부르짖는 자는 누구이냐?" 하고 꾸짖은 것을 어떻게 평가해야 하는가? 문화운동의 본보기를 들어 이에 관해 검토할 수 있는가?

함석헌(咸錫憲)이 "해방은 도둑처럼 왔다"고 한 말에 동의하는가?

남북한 사이의 가장 두드러진 이질성과 동질성은 무엇인가?

선진이 후진이 되고 후진이 선진이 되는 역전이 광복 후의 남북한에서도 인정되는가?

우리말을 버리고 영어를 공용어로 해야 한다는 주장이 일어나고 얼마 지나지 않아 우리말을 공부하려고 세계 도처에서 극성인 것을 어떻게 이해해야 하는가? 한류(韓流)의 형성을 이와 관련시켜 고찰할 수 있는가?

외국인 이주가 늘어가 단일민족의 순수성을 해치니 걱정이라고 하는 말에 대해서 어떻게 생각하는가? 이 문제를 과거의 전례와 관련시켜 역사적인 관점에서 논의할 필요가 있는가?

살기 좋은 세상이 된다는 것과 인정이 메말라간다는 것은 어떤 상관관계가 있는가?

　　몇백 년 이상 된 문학작품은 지금도 읽고 감명을 받으면서 같은 시기의 과학 연구는 거들떠보지 않는 것이 타당한가?

　　역사의 진실을 왜곡하지 말아야 한다고 하고, 역사는 시대마다 다시 써야 한다고 한다. 두 주장 가운데 어느 것이 타당한가? 둘이 동시에 타당할 수 있는가?

3. 토론할 자료

　　역사의 전개를 가르쳐주지도 않고 문제를 발견하고 논의하라고 할 수 없다. 고등학생을 대학자로 착각하는가 하는 반론이 바로 제기될 수 있으므로 허점을 보완하기로 한다. 일정한 교과서가 아니라도 공부의 지침이 되는 글은 필요하다. 토론을 유발할 수 있는 기조발표와 같은 것은 있어야 한다. 나는 그렇게 쓸 수 있는 글을 써서 "한국신명나라"(cafe.daum.net/koreawonderland)라는 카페에 올리고 있다. 서두의 "한국문화둘러보기"를 다 읽고 이용하기를 바라면서, 몇 대목을 여기 옮긴다.

1) 전쟁과 평화

한국은 외국을 침공한 적 없는 나라이다. 고구려의 광개토대왕(廣開土大王)은 만주 일대의 여러 민족을 국가의 구성원으로 통합하고자 했다. 조선 세종 때 일본의 대마도(對馬島)를 쳐서 왜구(倭寇)를 소탕하려고 한 것이 유일한 해외원정이다. 청나라의 요청을 받고 러시아군을 물리친 것까지 들어 자랑으로 삼는 것은 지나치다.

침공을 당한 사실은 많이 있다. 연대까지 들어 정리해보자. 기원전 108년 중국 한(漢)나라가 침공해 고조선이 멸망하고, 한사군(漢四郡)을 설치했다. 660·668년 중국 당(唐)나라의 침공으로 백제와 고구려가 멸망했다. 926년 거란의 침공으로 발해가 멸망했다. 1231~1239년 몽골군이 침공해 전국을 유린하고, 많은 문화재를 파괴했다. 왜구의 침탈이 자주 일어나다가, 1592년에 일본이 임진왜란(壬辰倭亂)을 일으켜 전국에서 살상과 약탈을 자행했다. 1627·1636년 만주족의 나라가 거듭 침공해 정묘호란(丁卯胡亂)과 병자호란(丙子胡亂)을 일으켰다. 병자호란 때에는 국왕이 항복했

다. 1905~1910년 일본의 침략에 의병을 일으켜 맞서
다가 패배해 국권을 상실했다.

　이런 내력을 들어 한국은 끊임없이 외침에 시달린
불행한 나라라고 자탄하는 것은 사리에 맞지 않는다.
세계를 둘러보면 외침을 이 정도만 받은 나라가 드물
다. 국권을 상실한 얼마 동안 절망에 사로잡혀 자탄을
지나치게 한 줄 알고 사실 판단을 정확히 한다. 외국
의 경우와 비교가 반드시 필요하다.

　침공한 외국군이 물러가지 않고 새로운 통치자가
되어 나라를 온통 바꾸어놓는 사태가 흔히 있고, 중국
에서는 거듭 일어나 사정을 잘 알 수 있다. 한나라가
한사군을 설치해 한국에서도 비슷한 사태가 벌어졌다
고 할 수 있으나, 독자적인 힘으로 밀어내고 침략의
역사를 종식시켰다. 일본의 식민지 통치를 받은 것은
개탄할 일이지만, 한 시대 세계사의 불행을 다른 어느
곳보다 단기간인 30여 년 동안만 겪고, 저력을 쇄신해
새로운 역사를 창조하는 계기로 삼았다.

　일본과 견주어 한국은 외침이 많았던 나라라고 한
다. 일본은 지리적인 특성 때문에 외침은 피할 수 있
었으나, 내부 사정으로 말미암아 내전이 자주 일어났

3. 토론할 자료 25

다. 무사가 정권을 잡고 혈전으로 쟁패한 역사가 계속
되고, 전국이 싸움터가 되는 시대가 자주 있었다. 한
국은 660년 백제 멸망, 668년 고구려 멸망까지의 삼국
통일전쟁, 900년 후백제 건국에서 936년 고려에 의한
통합에 이르기까지 후삼국 통일전쟁이 있었을 따름이
고 다른 내전이 없었다. 1811년의 홍경래란(洪景來亂),
1894년 동학혁명은 전면적인 내전으로 발전하지 않고
종식되었다. 1950~1953년의 전쟁은 냉전시대의 국제
전이 내전으로 나타나 별도로 고찰해야 할 사안이다.

한국인은 전쟁이 적어 평화롭게 살았다. 평화를 사
랑하는 민족이어서 그랬다고 할 것인가? 전쟁이 적은
것이 이유가 되어 평화롭게 살았다고 하는 것이 정확
한 설명이다. 전쟁이 적으면 생명과 재산을 보존하면
서 온전하게 살 수 있어 행복하다. 어째서 전쟁이 적
었던가? 이것이 궁금하다.

한국이 외국을 침공해 국력을 뽐내지 않은 것이 유
감이라고 하는 것은 잘못된 생각이다. 한국인은 국토
가 비옥하고 자연 재해가 적어 농사가 잘되니 구태여
밖으로 나가야 할 이유가 없었다. 개간하면 옥토가 될
수 있는 황무지가 적지 않은데 많은 희생을 치루고 국

토를 넓혀야 할 이유가 없었다. 농사 짓기에 부적당한 불모의 땅까지 탐내는 것은 더욱 어리석다. 국토가 넓으면 자랑스럽다는 것은 대국주의 · 영웅주의 · 제국주의의 헛된 발상이다.

전쟁이 적었던 것은 그냥 주어진 혜택이 아니고 노력한 성과이다. 충돌을 막기 위한 외교적인 노력을 한 것을 먼저 평가해야 한다. 통일신라 이후 중국과의 책봉관계를 잘 유지해 침공을 할 구실을 주지 않았다. 책봉관계를 부정적으로 평가하는 견해에 관해서는 별도의 항목에서 논의하기로 한다. 여기서는 월남과의 비교에서 논의를 전개한다.

월남은 한(漢)나라의 침공으로 주권을 잃고 당(唐)나라의 지배를 받기까지 오랜 동안 중국에 예속되어 있다가 가까스로 독립했다. 그 뒤에도 월남을 차지하려고 하는 중국 역대왕조 송(宋) · 원(元) · 명(明) · 청(淸)의 침공군을 맞이해 힘들게 싸워 물리쳤다. 자랑스러운 승리를 하고 중국의 천자가 월남의 국왕을 책봉하는 관계 회복을 성과로 얻었다. 한국은 전쟁을 하지 않고 책봉관계를 유지했다. 명나라나 청나라도 한국을 차지하려고 하지는 않고 자기 나라의 책봉을 받으라고 했다.

한국은 중국을 잘 알아 외교력으로 침공을 막았다. 무력은 높이 평가하고 외교력은 역량이 아니라고 하는 것은 잘못이다. 무력을 사용하면 승리를 장담할 수 없고, 백성이 많이 상한다. 외교력을 사용하면 전후의 사태를 냉철하게 헤아릴 수 있고, 백성을 수고롭게 하지도 않는다. 무력이 아닌 외교력으로 나라를 지킨 덕분에 월남인보다 한국인이 더 편안하게 살았다.

전쟁을 막은 또 하나의 비결은 문민통치를 확립한 것이다. 붓을 든 문인이 칼을 든 무인을 통솔하고 지배하기는 아주 어려우며, 고도의 지혜를 갖추어야 가능하다. 세계 대부분의 나라에서 생각하지도 못한 과업을 한국에서는 성취했다. 문민통치와 외교력은 불가분의 관계이다. 문민통치가 외교력을 키웠다. 외교력이 큰 힘을 가진다는 것을 입증해야 무인을 진정시킬 수 있었다. 무인은 힘을 자랑하고 존재 의의를 입증하기 위해 전쟁을 원할 수 있다. 문인은 무인의 대두를 막기 위해서도 평화를 바란다.

한국에서는 문인이 통치를 하면서 무인의 지위를 낮추고 수를 줄였다. 조선왕조는 군인의 수가 세계 어디에도 전례가 없이 줄어든 나라가 되었다. 그래서 임

진왜란 초기에 어이없이 패배했다고 나무랄 수 있으
나, 군사력이 곧 국력인 것은 아니다. 일본에서는 생
각할 수도 없는 의병이 전국에서 일어나고, 기술과 지
략의 우위가 이순신(李舜臣)의 승리를 가져왔다. 조선왕
조가 망하고 식민지통치가 시작될 때에는 군사력 부
족을 더욱 개탄해야 할 사태가 벌어졌다. 그러나 한국
은 관군의 나라가 아니고 의병의 나라임을 다시 입증
했다. 의병이 침략군과 싸우다가 독립군으로 발전하
고, 주도권을 하층에서 행사해 역사를 쇄신했다.

군인이 소수이면 농민은 행복하다. 군인으로 뽑혀
갈 염려가 적어서 안심할 수 있다. 군인 먹일 것을 대
느라고 자기는 굶주려야 하는 불행이 적어진다. 세계
어디에도 농민이 농사지어 자기가 다 먹는 나라는 없
다. 농민이 생산물을 나라에 바쳐 국가를 유지하고,
상층을 먹여 살려야 한다. 국가 유지비에서 군사비가
큰 비중을 차지하고, 상층만이 아닌 군인의 식량까지
대량으로 대야 하면 농민은 부담이 가중된다. 그래서
일본의 농민은 한국의 농민보다 더 불행했다.

한국의 농민이 편안하게 잘 살았다는 것은 아니다.
관원들의 토색질이니 가렴주구(苛斂誅求)니 하는 것에 시

달렸다. 이런 사태를 두고 말이 많다. 말이 많은 것은 농민을 옹호하고자 하기 때문이다. 착취에 대한 비판의 강도가 착취의 정도와 비례하는 것은 아니다. 다른 여러 나라와 견주어보면 한국의 농민은 옹호를 더 받고, 착취를 덜 받은 편이다. 핵심이 되는 이유는 한국이 평화의 나라라는 데 있다. 평화는 백성의 삶과 직결되어 구체적인 의미를 가지므로 추상명사가 아니다.

평화사상도 살피기 위해 흥미로운 자료를 든다. 〈광개토대왕릉비〉(廣開土大王陵碑)에서 대왕을 칭송한 말을 보자. 무력을 사방에 뽐낸 영웅담이 있을 것이라고 기대되는데, "뭇 사람이 편안히 생업에 종사하고"(庶寧其業), "오곡이 풍성하게 익게 했도다"(五穀豊熟)라고 한 것이 최대의 공적이라고 했다.

후삼국이 쟁패를 할 때 견훤(甄萱)이 왕건(王建)에게 보낸 편지에서는 무력이 강성하다고 자랑하면서 겁을 주었다. 왕건이 견훤에게 보낸 편지에서는 "농사짓고 길쌈하는 백성들이 생업을 즐기고", "사졸이 한가하게 잠을 자는" 시절이 다시 오게 하겠다고 했다. 견훤이 지고 왕건이 이겨, 전쟁을 물리치는 평화의 힘을 입증했다.

2) 법률

법(法)은 사회생활의 질서를 유지하고, 배분이나 협력의 관계를 규율하기 위하여 발달한 규범의 체계이다. 강제성을 가지는 것이 특징이지만, 예(禮)라고 일컬어지는 도덕적 규범을 많이 포함하고 있다. 법은 문화의 일부이며, 다른 문화영역과 복잡한 관련을 가진다. 법은 원래 구두로 전해지는 관습법이었다. 예와 구별되기 어려운 구두의 관습법이 국가에서 실정법을 제정해 기록할 때까지 널리 사용되었으며, 그 뒤에도 실정법을 보완하는 기능을 수행했다.

한국 최초로 성문화된 실정법은 고조선의 팔조법금(八條法禁)이다. 여덟 조항 가운데 살인죄·상해죄·절도죄에 관한 것들만 전한다. 살인자는 죽이며, 상해한 자는 곡물로 배상하게 하고, 절도를 범한 자는 피해자의 노(奴) 또는 비(婢)로 삼으며, 속죄하려면 50만 전(錢)을 내놓아야 한다고 했다. 사유재산과 노비가 있는 사회에서 죄를 응보로 다스린 엄격한 법이다. 속죄에 관한 규정이 있는 점에서는 상당히 발전된 법이라고 할 수 있다.

고구려를 비롯해 삼국 각국은 율령(律令)을 제정해 국

가의 법을 구비하고 법치를 시행했다. 율(律)은 죄와 벌을 규정한 형법이고, 영(令)은 제도에 관한 규정이다. 이밖에 격(格)과 식(式)이 더 있어 율과 영의 미비점을 보충했다. 이런 전통이 고려를 거쳐 조선시대까지 내려와 1484년에 《경국대전》(經國大典)을 완성하게 되었다.

《경국대전》은 〈이전〉(吏典)·〈호전〉(戶典)·〈예전〉(禮典)·〈병전〉(兵典)·〈형전〉(刑典)·〈공전〉(工典)으로 이루어져 있다. 〈이전〉에서는 하늘이 만물을 주관하는 것을 본뜬다고 하고, 국가를 통괄하는 관직을 규정했다. 〈호전〉에서는 땅이 삶의 근본임에 비추어본다고 하고, 재정과 경제를 규정했다. 〈예전〉에서는 봄에 만물이 소생하는 것과 짝한다고 하고, 국가제도와 가족관계를 규정했다. 〈병전〉에서는 맹렬한 기세를 떨친 여름과 닮게 한다고 하고, 군사와 관련되는 사항을 규정했다. 〈형전〉에서는 한해 농사를 마무리하는 가을의 취지에 따른다고 하고, 재판과 노비, 상속 등에 관한 사항을 규정했다. 〈공전〉에서는 한해를 마무리하고 새해를 준비하는 겨울의 의미를 되새긴다고 하고, 건설과 제조업에 관한 사항을 규정했다.

《경국대전》은 유교 이념에 의한 이상적인 통치를

제도화한 창조물이다. 천지운행의 질서를 국가 통치에 구현해 거대한 질서를 확립하고, 백성을 돌보고 백성의 뜻을 따르는 민본의 시책을 마련하고자 했다. 중국 역대의 전례를 널리 참고해 필요한 것들을 수용하고 자국의 실정과 맞지 않는 것은 수정했다. 완성 후 계속 보완하고 여러 속편을 내서 시행하는 데 무리가 없도록 새로운 시대의 요구를 받아들이고, 현실과의 괴리를 메워나갔다.

형률을 구체화한 형법은 중국에서 가져온 《대명률》(大明律)을 사용하면서 실정에 맞게 수정하기를 거듭했다. 《대명률직해》(大明律直解) 등의 번역 해설본을 만들면서 한국 고유의 관습법을 다수 수용했다. 문제점이 있기는 했으나 형법을 통일해서 전국 어디에서 누가 하는 재판이든 동일하게 판결하도록 한 것이 획기적인 조처였다. 재판권을 행사하는 관원의 자의적 판단이나 횡포를 막고 죄형법정주의(罪刑法定主義)라고 할 것을 시행하는 방향으로 나아갔다. 관가의 재판을 거치지 않고 사사로이 형벌을 가하는 것은 엄격하게 금지해, 실행에는 문제가 많아도 누구든지 법 앞에 평등하다고 할 수 있는 데 근접했다.

　죄형법정주의와 법 앞의 평등은 유럽문명권의 자랑
이어서 어디서나 수입한다고 알고 있는데, 이것은 속
단이다. 그 둘은 인류 공동의 소망이고 어디서나 이루
려고 애썼다. 유럽에서는 마녀라고 지목한 여성들을
잡아다가 불태워 죽일 때, 한국은 널리 알 수 있게 공
포한 성문법에 따라 재판을 공정하게 하려고 했다.

　근래 어느 잡지에서 문제를 제기했다. 한국은 무고
(誣告)와 위증(僞證)이 일본보다 월등히 많은데 무슨 까
닭이냐고 했다. 이것은 일본에서는 칼로 싸우고, 한국
에서는 재판으로 싸운 오랜 관습이 있어 생긴 차이이
다. 칼싸움은 정면으로 나가서 찌르면 이기는 것이 아
니다. 무고나 위증과 흡사한 속임수를 써야 이긴다.
칼싸움 속임수는 찬탄의 대상으로 삼아 칭송하고, 재
판 속임수는 비열하다고 나무라는 것은 불공평하다.
칼싸움 속임수를 자랑하던 검객들은 사라지고, 재판
속임수를 정교하게 개발해 돈을 벌려고 하는 변호사
들이 어느 나라에서든지 나날이 늘어난다.

　이렇게 말하면 일본에서는 예전에 재판 싸움이 없
었던가 하는 반문이 제기된다. 그렇다. 거의 없었다.
재판을 하지 않고 칼로 해결했다. 농민이 건방지게 굴

면 무사가 칼을 빼서 처단할 수 있었다. 사사로운 복수가 미화되었다. 일본의 계몽사상가 복택유길(福澤諭吉, 후쿠자와 유키치)이 말하기를, 조선은 형벌이 혹독한 나라여서 싫다고 했다. 일본에는 없는 혹독한 형벌이 조선에는 있는 이유는, 종이 아버지를 죽였어도 사사로이 복수할 수 없고 관가에 고변을 해서 재판을 받게 해야 했기 때문이다. 과학수사의 방법을 사용하기 전에는 어디서든지 재판을 위한 심문을 혹독하게 했다. 그래도 재판 없이 바로 죽이는 것이 낫다고 할 것은 아니다.

3) 학구열

(가) 1123년에 고려에 온 중국 송나라 사신 서긍(徐兢)이 견문한 바를 《고려도경》(高麗圖經)에 기록한 데 주목할 대목이 있다. 도서관 장서가 수만 권이고, 일반인이 사는 마을에도 서점이 몇 개씩 있다고 했다. 학구열이 대단해 군졸이나 어린아이들까지 글공부를 한다고 했다. 모두 중국에서 볼 수 있는 바를 능가해 놀랍다고 했다.

(나) 1866년 강화도에 침공한 프랑스 군인들이 남긴 기록에
있는 말을 보자. "감탄하면서 볼 수밖에 없고, 우리 자존
심을 상하게 하는 또 한 가지는 아무리 가난한 집이라도
어디든지 책이 있는 것이다. 글을 해독할 수 없는 사람은
아주 드물고, 그런 사람은 다른 사람들로부터 멸시를 당
했다. 프랑스에서도 문맹자에 대해 여론이 그만큼 엄격
하다면 무시당할 사람들이 천지일 것이다."

(다) 1909년에 출판된 견문기, 캐나다인 기독교 선교사 게일
(J. S. Gale)의 《전환기의 조선》(Korea in Transition)에서
한국인은 "책 읽기를 좋아하고", "학문을 좋아하는 심성"
을 지니고, "교육열이 높다"고 했다. "학문적 성과를 따
져보면, 조선 학자들의 업적이 예일대학이나 옥스퍼드대
학 또는 존스 홉킨스대학 출신들보다 높다"고 했다.

위의 세 자료는 모두 한국인은 글 읽기를 좋아하고
학구열이 대단해 높이 평가된다고, 당시 세계 최고 수
준에 이르렀다고 자랑하는 나라 사람들이 입증했다.
(가)의 시기에는 중국 송나라가 문화 발전에서 세계
정상이었다. (나)와 (다)의 시기에는 유럽문명권의 위

세가 극도에 이르렀다. 그런데 (가)·(나)·(다)에서 모두 자기 나라보다 한국이 문화 수준과 학구열에서 앞선다고 했다.

어째서 그랬던가? 한국인은 이룩된 동아시아문명의 정수를 가져와 본바닥보다 더욱 발전시키는 것을 뒤떨어지지 않고 앞서는 방법으로 삼았다. (가)보다 조금 앞서서, 중국 송나라의 문인 소식(蘇軾)은 고려에 책을 수출하지 말아야 한다고 나라에 상소했다. 중국에서 책을 많이 사와 중국에는 없는 책이 고려에는 있으니 중국의 체면이 손상된다고 여겼다.

신분제를 철폐하고 평등사회를 이룩하는 과정에서 한국인 누구나 상위 신분 양반이 되는 상향평준화를 택해 학업이 필수 요건으로 등장한 것이 중국이나 일본과 달랐다. 중국은 과거 급제자 본인만 당대에 한해 신사(紳士)라는 상위 신분을 지니다가, 신해혁명을 거치고 과거제가 철폐되자 상위 신분 소지자가 없어져 하향평준화 사회가 되었다. 일본에서는 정인(町人, 조닌)이라는 상공업자를 새로운 신분으로 인정해 신분제의 동요를 막은 효과가 오늘날까지 지속된다. 누구나 분수에 맞게 처신하고 직업 이동이 적어 안정을 누리는 반면에 활력이 모자란다.

　한국에서는 과거 급제를 필수 요건으로 하지 않고도 양반 신분이 유지되며, 공식 또는 비공식의 방법으로 양반이 되는 길이 열려 있었다. 양반 노릇을 하려면 글공부를 하고 과거에 응시해야 했다. 과거 응시자가 폭발적으로 늘어나 큰 혼잡이 일어났다. 한시문을 지어 문집을 만드는 일이 성행해 전적(典籍)의 유산이 넘치도록 많다. 그 정도에 그치지 않고, 한문 공부의 열풍이 사회 전체로 퍼졌다. "양반이 글 못하면 절로 상놈 되고/ 상놈이 글 하면 절로 양반 되나니/ 두어라 양반 상놈 글로 구별하느니라"라고 하는 고시조가 있다.

　중인 신분의 시인 천수경(千壽慶, 1757~1818)이 차린 서당에서 한문을 잘 가르쳐 큰 인기를 얻은 것으로 알려졌다. 위항의 부호들이 자식들을 가르치기 위하여 다투어 초치했다. 학생이 모두 50~60명이나 되어 반을 나누어 교육을 할 정도였다. 법도가 매우 엄했다고 했다. 그 무렵 김홍도(金弘道)가 그린 풍속화에 아버지는 돗자리를, 어머니는 베를 짜는 곁에서 아이가 책을 읽는 장면을 그린 것이 있다. 어떻게 해서든지 자식은 가르쳐야 한다고 여겨 서당에 보내는 풍조를 보여준다.

중국과 일본에도 서당에 해당하는 교육기관이 있었으나 시정 생활에 필요한 실용적인 지식을 가르쳤다. 한국에서는 상위 신분에게나 필요한 고급의 지식을 누구나 습득하고자 했다. 타고난 처지에 머무르지 않고 신분 상승을 위해 일제히 분투해 생겨난 혼란과 역동성이 오늘날까지 이어진다.

학구열은 외국으로 이주한 교민에게서도 확인되는 한국인의 특성이다. 중국 조선족은 교육을 민족종교로 삼는다고 한다. 구소련 여러 나라의 고려인이나 미주의 한인도 공부를 잘해 사회 진출을 바람직하게 하는 데 남다른 노력을 쏟고 있다. 카자흐스탄에 갔을 때, 어린 나이에 강제로 이주된 고려인 여성들까지 학교를 다니자 우수한 성적을 얻어 명문 대학을 졸업했다는 말을 듣고 놀랐다.

4) 선악 논란

중세문명은 이상과 현실의 이원론을 공통점으로 하

고, 이상과 현실을 구분하는 기준에서 차이점을 보였
다. 힌두교·이슬람·기독교문명에서는 종교적인 구
원의 이상과 현실에서 겪는 고난으로 이원론을 구성
했다. 동아시아 유교문명은 종교에는 관심을 두지 않
고, 신성론(神性)이 아닌 인성론(人性論)을 개발해 윤리
적 선악의 이원론을 갖추었다.

　유교문명의 연원을 중국에서 마련하면서 선악 구분
을 위한 인성론을 사단(四端)과 칠정(七情)을 들어 갖추
기로 했다. 사단은 《맹자》(孟子)에서 말한 측은(惻隱)·
수오(羞惡)·사양(辭讓)·시비(是非)의 마음이다. 가엾
게 여기고, 부끄럽게 여기고, 사양하고, 시비를 가리
는 마음이다. 그 넷이 각기 인(仁)·의(義)·예(禮)·지
(智)의 단(端)이라고 했다. 단이란 단서 또는 발단을 뜻
한다. 칠정은 《예기》(禮記)에서 말한 희(喜)·노(怒)·애
(哀)·구(懼)·애(愛)·오(惡)·욕(欲)이다. 기뻐하고, 노
여워하고, 슬퍼하고, 두려워하고, 사랑하고, 미워하
고, 욕심내는 마음이다. 사람의 마음을 이것저것 들다
가 일곱이 되었다.

　사단과 칠정은 그 내력이 다르고, 수도 짝이 맞지
않아 함께 논하려고 하니 차질이 생겼다. 선악 구분에

적용하기 어려웠다. 사단이 착한 마음인 것은 분명하지만, 칠정은 악한 마음이라고 하지 못해 '악할 수 있는 마음'이라고 했다. 착한 마음과 악할 수 있는 마음을 대조해 논하기 어려웠다.

선한 마음과 악한 마음의 관계를 따지는 이론의 틀인 이기(理氣)철학은 후대에 정립되었다. 사단과 칠정의 관계를 이기철학으로 해명하는 것은 성리학의 핵심과제인데, 주희(朱熹)에 이르러서도 뚜렷한 성과에 얻지 못했다. 한국에서 이황(李滉)이 주희의 뒤를 이어 성리학을 완성하려고 해서 미결과제를 맡아 나섰다. 오랜 고심과 논란 끝에 "사단은 이가 발하고 기가 따르며, 칠정은 기가 발하고 이가 탄다"(四端 則理發 而氣隨之 七情 則氣發 而理乘之)고 하는 데 이르렀다. 이렇게 말하니 사단과 칠정이 둘 다 이와 기의 작용으로 이루어지면서 무엇이 다른지 명확해져, 성리학이 완성되었다.

그러나 문제가 모두 해소된 것은 아니고, 새롭게 제기된다. 이가 발한다고 했는데, 그럴 수 있는가? 이는 이치이거나 원리인데 어떻게 스스로 움직이는가? 사단과 칠정을 분리시켜, 착한 마음과 악한 마음은 출처가 다르다고 한 것이 타당한가? 이런 문제가 제기된다.

이이(李珥)는 이런 문제를 해결하기 위해서 이황과 다른 견해를 제기했다. 착한 마음이든 악한 마음이든 기(氣)가 발해서 이루어진다는 것은 다를 바 없다. 출처는 같으면서 지향점이 다르다. 이이는 이렇게 말하려고 기본 용어를 바꾸었다. 도심(道心)과 인심(人心)을 대안으로 삼았다. 《서경》(書經)에서 "인심은 위태롭고, 도심은 희미하다"(人心惟危 道心惟微)고 하고, 주희가 주를 달아 "인심은 인욕이고, 도심은 천리이다"(人心人欲也 道心天理也)라고 한 데서 '인심'과 '도심'을 가져와 기본 용어로 삼았다.

도심과 인심은 둘 다 기에서 발하는 마음이면서 "도심은 도의를 위해 발하고, 인심은 입과 몸을 위해 발한다"(道心 其發也 爲道義 人心 其發也 爲口體)고 해서 지향점이 다르다고 하고, 인심이 도심이 될 수도 있다고 했다. 선악은 출처가 아닌 지향점을 보아 판별해야 한다고 했다. 출처는 동기이고 지향점은 결과라고 할 수 있어 획기적인 전환을 했다.

그러나 인심은 입과 마음을 위해 발해 악한 마음이라고 한 것이 문제이다. 이 문제를 제기한 윤봉구(尹鳳九)는 "음식이나 남녀를 위해 생기는 인심이라도 이(理)

에 합당하면 선하므로"(其爲飮食男女而生者 當於理 則此只是人心之善者) 도심이라야 선하다고 할 수 있는 것은 아니라는 수정안을 제시했다. 먹고살면서 남녀관계를 가지는 것이 일상인의 삶이다. 일상인의 삶을 도의를 위하지 않는다고 해서 나쁘다고 하지 말고 그 자체로 긍정적으로 평가할 수 있는 길을 열었다.

그래서 논의가 끝난 것은 아니다. 음식이나 남녀라는 말로 집약해 나타낸 현실적인 삶이 도리에 합당한지 가리지 말고 그 자체로 선이라고 하는 한 걸음 더 나아간 견해를 임성주(任聖周)·홍대용(洪大容)·박지원(朴趾源)이 제시했다. 임성주는 천지만물과 함께 사람도 생성의 의지인 '생의'(生意)를 근본으로 하고, "사람 마음이 선함은 기질의 선함이다"(人性之善 乃其氣質善耳)라고 했다. 삶을 누리는 것이 선임을 홍대용은 "서로 불러 먹이는 것은 금수의 예의이고, 떨기로 나며 가지를 뻗어나는 것은 초목의 예의이다"(群行呴哺 禽獸之禮義 叢苞條暢 草木之禮義)라는 말로 분명하게 했다.

그렇다면 악은 무엇인가? 삶을 누리는 것이 선이고, 삶을 유린하는 것이 악이다. 박지원은 〈호질〉(虎叱)에서 호랑이가 사람을 나무라는 말로 이에 대해 밝혀 논했다. 호랑이는 먹기 위해 필요할 때 다른 동물을 죽이는데, 사람은 죽이는 것 자체를 즐기니 용서할 수 없다고 나무랐다. 더 큰 악은 사람들이 서로 죽이고 해치고 빼앗는 것이다. 권력이나 재력에서 강자인 쪽이 약자인 쪽을 괴롭힌다. 이런 사회악에 허위의식이 추가되면 사태가 심각해진다. "심한 자는 돈을 형님이라고 한다"고 하고, "장수가 되려고 아내를 죽이기도 한다"고 한 것이 그 단적인 예이다. 앞의 것에서는 재물을, 뒤의 것에서는 명예를 우상화해서 가치를 왜곡한다. 이렇게 비판했다.

5) 신명풀이

한국인의 정서는 '한'(恨)을 특징으로 한다는 견해가 있다. 그러나 한은 한국인 정서의 일면에 지나지 않고, 식민지시대에 겪은 좌절 때문에 지나치게 확대되었으며, 필요 이상 강조되고 있다. 한국인의 정서를 '멋'이라고 하는 말을 많이 들을 수 있으나, 멋이란 한국인이 살아온 삶 전체에 관한 말이 아니다.

　정서에 대한 추상적인 논의를 접어두고, "한국인은 어떨 때 열심히 일하는가?"라 하는 물음을 제기해보자. 이에 대한 대답은 "한국인은 신명이 나야 열심히 일한다"는 것이다. 한이나 멋은 버리고 신명을 택해야 하는 것은 아니다. 한이나 멋을 포함한 더 큰 개념이 신명이라고 하는 것이 마땅하다.

　한이 신명이고, 신명이 한이다. 한풀이가 신명풀이여서, 신명풀이를 해서 한풀이를 넘어선다. 신명풀이가 신명풀이이기만 해서는 공연히 들떠 있으므로, 한풀이가 절실한 동기를 제공한다. 한풀이가 한풀이이기만 해서는 좌절과 자학에서 벗어날 수 없는 한계를 신명풀이에서 극복한다. 신명이 일의 영역이 아닌 놀이의 영역에서 가시적인 형태로 표출된 것이 멋이다. 일의 영역에서도, 가시적이지 않은 형태로도 멋과 같은 것이 있는데, 그것을 따로 일컫는 말은 없다. 멋이라고 하는 것과 따로 지칭하는 말이 없는 것을 함께 신명이라고 일컫는다.

　신명은 한자로 '神明'으로 적을 수 있으나, 한자의 뜻으로 이해할 필요가 없다. 한자의 뜻을 적절하게 풀이해서 "깨어 있고 밝은" 마음가짐이라고 하면 뜻

하는 바에 근접했으나, 역동적인 움직임을 나타내주
지 못한다. "깨어 있고 밝은 마음가짐이 힘차게 움
직이는 상태"라고 하면 더욱 핍진한 정의를 얻을 수
있다.

"힘차게 움직이는 상태"는 바람과 같으므로, '신바
람'이라는 말을 쓴다. '신명바람'이라고 하면 번다하니
신바람이라고 한다. 그러면서 바람은 여기저기 불어
닥친다. 각자의 내면에 있는 신명이 일제히 밖으로까
지 나와 여럿이 함께 누리는 것을 신바람이라고 한다
는 정의를 추가할 수 있다. 신바람이란 신명이 발현되
는 사회기풍이라고 할 수 있다.

'신명풀이'란 "신명을 풀어내는 행위"이다. 안에 있
는 신명을 밖으로 풀어내는 행위를 여럿이 함께 한다.
신명풀이는 신명을 각자의 주체성과 공동체의 유대의
식을 가지고 발현하는 창조적인 행위라고 규정할 수
있다. 그러므로 신명이나 신바람보다 신명풀이가 더
욱 긴요한 연구대상이다.

사람이 일을 해서 무엇을 창조하는 행위를 하는 것
은 자기 내부의 신명을 그대로 가두어둘 수 없어서 풀
어내야 하기 때문이다. 그 점에서는 한풀이가 바로 신

명풀이이고, 신명풀이가 바로 한풀이다. 신명을 풀어
내는 과정과 사연이 바로 창조적인 행위이다. 창조적
인 행위가 어떤 실제적인 이득을 가져오는가 하는 것
은 나중에 판별할 문제이다.

신명풀이는 각자 자기 신명을 풀기 위해서 한다. 그
점에서 누구든지 개별적인 존재로서 주체성을 가진
다. 그러나 신명풀이는 여럿이 함께 주고받으면서 해
야 풀이하는 보람이 있다. 자기의 신명을 남에게 전해
주고, 남의 신명을 자기가 받아들여, 두 신명이 서로
싸우면서 화해하고, 화해하면서 싸워야 신명풀이가
제대로 이루어지고, 그 성과가 더 커진다. 대립이 조
화이고 조화가 대립이며, 싸움이 화해이고 화해가 싸
움인 것이 천지만물의 근본 이치인 것을 신명풀이의
행위에서 절실하게 경험한다.

신명 · 신바람 · 신명풀이는 한국인만의 것이 아니
다. 세계 모든 민족, 모든 국민이 공유하는 바이다.
그런데 한국인에게서 특히 두드러진 모습을 보이고
있다. 사람의 마음에는 신명이 아닌 다른 성향도 얼마
든지 있고, 사람의 마음을 드러내서 예술행위로 구현
하고 철학사상에서 논의하는 방식도 여러 가지 선택

가능한 것들이 있다. 그런데 한국인은 예술행위나 철학사상에서 신명에 관해서 특별한 의의를 부여한 특징이 있다고 생각된다.

탈춤은 싸움이 화해이고 화해가 싸움임을 보여주는 신명풀이의 예술이다. 그런 원리가 상생(相生)이 상극(相克)이고 상극이 상생이라고 하는 생극론(生克論)의 철학에서도 구현되어 있다. 각자 주체성을 가지면서 함께 신명풀이를 하는 방식으로 살아가고 일한다. 한국인은 신명이 나야 열심히 일하는 것이 그 때문이다.

4. 국사를 넘어서서

우리 역사의 많은 사실이 국사를 넘어서서 동아시아나 세계사까지 고찰의 범위를 넓혀야 이해 가능하고 의문이 풀린다. 위에서 든 몇 가지 예문에서도 외국과의 관련을 말하고 비교를 시도했다. 그런 작업이 더욱 긴요한 사례에 관해 고찰을 하고 논란의 과제를 제시한다.

1) 문명권 참여

한국은 중국에서 유교와 불교, 한문을 받아들였다. '이것은 민족 주체성 훼손이 아닌가?' 안에서는 이런 의문이 제기된다. '한국은 중국의 복제·축소품이니, 특별히 보고 평가할 것이 있는가?' 밖에서는 이런 의문을 제기한다.

이런 의문에 대해 한국문화의 자랑을 늘어놓으면서 대답하는 것은 어리석다. 문화에서 문명으로 논의의 수준을 높여야 한다. 사람이 살아가면서 이룩한 가치관이나 그 실현방식 가운데 포괄적인 성격의 상위개념이 문명이고, 개별적 특성을 지닌 하위개념이 문화이다. 문명은 여러 민족이나 국가가 공유한다. 문화는 민족이나 국가 또는 집단이나 지역에 따라 특수화되어 있다.

중국에서 유교와 불교, 한문을 받아들여 한국은 동아시아문명에 참여했다. 유교와 불교, 한문이 중국 안에 머무르고 있을 때에는 동아시아문명이 없었다. 한국이 최초로 받아들이자 그것들이 중국의 범위를 넘어선 공유재산이 되어 동아시아문명이 이루어졌다.

　문명은 공동문어(共同文語)와 보편종교를 공유하는 광범위한 공동체가 이루어낸 창조물이다. 동아시아문명의 공동문어는 한문이고, 보편종교는 유교와 불교이다. 동아시아의 불교는 대승불교만이고 한문 경전을 사용하는 점이 다른 곳들의 불교와 구별되는 특징이다. 동아시아문명권은 한문-유교·불교문명권인데, 한문문명권이라고 줄여 말할 수 있다.

　동아시아문명권은 한문-유교·불교문명권, 남·동남아시아의 산스크리트-힌두교·불교문명권, 서아시아·북아프리카의 아랍어-이슬람문명권, 유럽의 라틴어-기독교문명권과 대등한 비중을 가진 거대 문명권이다. 이런 문명권이 생기면서 세계사의 중세가 시작되었다. 문명권에 들어가서 중세화하는 것이 역사발전의 당연한 과정이다. 그렇지 못한 곳들은 낙후한 상태로 남아 있다가 중세화한 국가의 침해를 받았다.

　문명권에는 중심부·중간부·주변부가 있다. 동아시아문명에서는 (가) 중국이 중심부이고, (나) 한국과 월남이 중간부이고, (다) 일본이 주변부이다. 산스크리트문명권에서는 (가) 인도 중원지방, (나) 남인도의 타밀(Tamil)이나 동남아시아의 크메르(Khmer), (다)

동남아시아의 자바; 아랍어문명권에서는 (가) 아랍어
를 모국어로 하는 곳들, (나) 페르시아, (다) 동아프리
카 스와힐리(Swahili); 라틴어문명권에서는 (가) 이탈리
아, (나) 프랑스나 독일, (다) 영국이나 스칸디나비아
가 중심부 · 중간부 · 주변부이다.

　문명은 문명권 전체에서 같아도 문화는 국가 · 민
족 · 지방에 따라 다르다. 공동문어문학인 한문학, 산
스크리트문학, 아랍어문학, 라틴어문학은 문명의 동
질성을, 개별언어인 한국어, 타밀어, 페르시아어, 독
일어 등의 민족어문학은 문화의 이질성을 보여주었
다. 문명권의 중심부는 공동문어문학을 주도하느라고
민족어문학에서 뒤떨어지고, 주변부는 공동문어문학
이 뒤떨어진 결함을 민족어문학을 일찍 발전시켜 상
쇄했다. 중간부에서는 공동문어문학과 민족어문학이
대등하고 근접된 관계를 가졌다.

　7세기 이전에 이미 절정에 이른 한시(漢詩)를 동아시
아 전역에 시 창작의 전범으로 제공한 중국이 구두어
백화시(白話詩)는 20세기에야 마련했다. 한시문 창작
능력이 중국은 물론 한국보다도 뒤떨어진 일본은 자
국어시 화가(和歌, 와카)의 아주 많은 작품을 8세기에 집

성했다. 한국에서는 이규보(李奎報)를 비롯한 여러 시인이 한시를 민족문학으로 창작한 것이 월남의 경우와 상통한다. 〈용비어천가〉(龍飛御天歌) 같은 국문서사시를 이룩한 것은 특이한 사실이다.

이규보는 구전(口傳)을 정착시키고 구비서사시에 상응하는 창작을 한문으로 해서, 민족문화의 전통과 이중으로 밀접한 관련을 가지고 영웅서사시 〈동명왕편〉(東明王篇)을 창작했다. 서사무가로 전승되는 구비서사시를 기록문학으로 격상하고자 하는 오랜 희망이 있어 한글을 창제하자 바로 〈용비어천가〉를 내놓았다고 생각된다. 이 작품에서는 조선왕조를 창건한 역대 주역이 중국 고대 제왕들을 본보기로 한 유교의 정치이념을 대등한 수준으로 구현했다고 칭송했다.

한국은 동아시아문명을 중심부와 가까운 곳에서 일찍부터 수준 높게 받아들여 민족문화의 활력으로 녹여내 재창조했다. 그 성과가 동아시아문명의 발전이면서 한국문화의 자랑이다. 문학작품, 학문 저술, 창조물, 조형물, 공연물 등 문화의 여러 영역에서 많은 본보기를 들 수 있다. 그 가운데 조형물을 둘 들어본다.

〈광개토대왕릉비〉(廣開土大王陵碑) 일명 〈호태왕릉비〉

(好太王陵碑)는 여러 면에서 획기적인 의의를 지닌다. 높이 6.38미터, 너비 1.35~2미터의 거대한 크기의 네 면에 1,775자의 글씨를 새겨놓은 위용이 대단하다. 고구려 건국신화를 서두에 내놓고 광개토대왕의 업적을 기록해, 국가의 위업을 자랑하는 한문 비문의 본보기를 독자적으로 창안, 다른 어느 나라보다 앞서서 보여주었다. 건립한 연대 414년이 한문을 중국 밖의 다른 나라에서도 사용해 공동문어로 만든 시발점을 알려주어, 동아시아 중세의 시작을 나타내는 연대라고 할 수 있다.

돌로 비를 세우고 한문 비문을 새기는 것은 중국에서 받아들인 방식이다. 그러나 특정 인물의 행적이나 특정 사실의 내력이 아닌 국가의 위업을 기록하는 비를 세우는 작업은 한국에서 처음 하고, 다른 여러 나라가 뒤를 이었다. 중국 운남 지방에 있던 남조(南詔)에서 767년에 세운 〈덕화비〉(德化碑)에는 최대 분량의 명문(銘文)이 있다. 남조는 당나라와 맞선 독립국이었고, 당나라의 침공을 물리친 내력을 비문에 써서 자랑했다. 중국은 817년에 〈평회서비〉(平淮西碑)라는 것을 하나 만들었는데, 규모나 내용이 크게 모자란다.

성덕대왕신종(聖德大王神鐘)은 국립경주박물관 건물 밖에 걸어놓아 가서 쉽게 볼 수 있다. 높이 333센티미터, 지름 227센티미터여서, 세계 최대의 범종이다. 771년에 완성해 봉덕사(鳳德寺)에 걸어놓았으므로 '봉덕사종'이라고도 했다. 울리는 소리가 종을 만들 때 희생된 사람의 울음 같다고 해서 '에밀레종'이라고도 한다. 범종 제작의 기술과 미술, 그리고 새겨놓은 글 종명(鐘銘)에서 이 종은 동아시아 중세문명의 절정을 보여준다고 할 수 있다.

불교는 인도에서 중국을 거쳐 전래되었으나, 불교 사찰에서 치는 범종은 중국에서 시작해 한국과 일본에서도 만든 동아시아의 창조물이다. 그 가운데 이 종이 특히 빼어나다. 가장 큰 종을 뛰어난 기술로 만들어 전체 모양이 아름다우며, 깊고 웅장한 소리가 길게 울린다. 옷과 장신구를 날리는 비천상(飛天像)이 조각되어 있어, 육중한 쇳덩이를 가볍게 들어 올려 높이 올라가는 듯이 보이도록 한다. 새겨놓은 글은 산문인 서(序)에서 천지만물의 이치를 말하면서 종을 만든 내력을 설명하고, 율문인 명(銘)에서 신라가 자랑스러운 나라라고 칭송해 수미상응의 구조를 갖춘 명문이다.

서에서 말했다. "무릇 지극한 도는 형상 밖까지 둘러싸고 있으나, 눈으로 보아서는 그 근원을 알아볼 수 없어"(夫至道包含於形狀之外 視之不能見其原 大音震動於天地之間 聽之不能聞其響), "신종을 달아놓고 일승의 원음을 깨닫는다."(載懸擧神鐘 悟一乘之圓音) 명에서 노래했다. "동해바다 위에 뭇 신선이 숨어 있는 곳, 땅은 복숭아 골짜기며, 해뜨는 곳과 경계가 닿네. 여기서 우리나라는 합쳐져 한 고장을 이루고, 어질고 성스러운 덕이 대가 뻗을수록 새로워라."(東海之上 衆仙所藏 地居桃塹 界接扶桑 爰有我國 合爲一鄕 元元聖德 曠代彌新)

2) 책봉관계

한국의 통치자 '국왕'(國王)은 중국 '천자'(天子)의 책봉(冊封)을 받고 조공(朝貢)을 했다. 이 사실을 오늘날의 한국인은 부끄럽게 여겨 외면하려고 한다. 중국인은 우월감을 느끼면서 기분 좋아한다. 책봉은 문서, 의관, 인장 등의 징표를 주어 국왕을 국왕으로 공인하는 행위이다. 한국뿐만 아니라 월남, 유구(琉球), 일본의 통치자도 중국의 천자와 책봉의 관계를 지속적으로 가졌다.

오늘날 사람들은 책봉을 받아 주권을 상실했다고 생각하지만, 책봉이 주권을 인정하는 행위이다. 책봉을 받지 않고 주권국가임을 선포하면 되지 왜 그런 어리석은 짓을 했느냐고 하는 것은 오늘날의 생각이다. 책봉을 받아야 주권이 인정되는 시대가 세계 전역에서 오래 지속되었다. 그 시기가 중세이다. 중세인을 근대인이 아니라고 나무라는 것은 잘못이다.

책봉은 중세인의 공통된 종교관에 근거를 둔 보편적인 제도였다. 중세인은 어느 문명권에서든지 천상의 지배자가 지상의 통치자와 단일 통로로 연결된다고 여겼다. 천상의 지배자와 단일 통로로 연결된 지상 최고의 지배자가 신성한 권능을 행사해 문명권 안 각국의 통치자가 정당한 통치자라고 공인하는 행위가 책봉이다.

책봉을 하고 받는 양자를 문명권에 따라 다르게 불렀다. 유교문명권에서는 그 둘을 '천자'와 '국왕'이라고 했다. 그 둘을 힌두교문명권에서는 '차크라바르틴'(cakravartin)과 '라자'(raja)라고 했다. '차크라바르틴'은

'전륜성왕'(轉輪聖王)이라고 번역되었다. 이슬람문명권에서는 천자는 '칼리파'(khalifa), 국왕은 '술탄'(sultan)이라고 했다. '칼리파'는 정치적 실권을 가져 자기가 '술탄'이기도 했다. 기독교문명권에서는 '교황'(papa)과 '제왕'(imperator, rex)이라고 했다. 총대주교인 '교황'은 문명권 전체의 '황제'(imperator)를 책봉하고, '교황'의 위임을 받아 그 하위의 '대주교'(archiepiscopus)가 '국왕'(rex)을 책봉하는 것이 특이했다.

한국이 중국 천자의 책봉을 받은 것이 불만이라면 다른 문명권 천자의 책봉이라도 받아야 문명국일 수 있었다. 남아시아 '차크라바르틴'이나 서아시아 '칼리파'의 책봉을 받는 것은 거리가 멀고 종교가 달라 가능하지 않았다. 책봉체제에 들어가지 않으면 나라가 야만국이거나 통치자가 정당성을 갖추지 못했다. 책봉을 해주지 않으면 싸워서 쟁취하는 일이 흔히 있었다. 책봉하는 천자는 큰 나라에 있고 책봉 받는 국왕은 작은 나라에 있는 것이 예사라고 할 것도 아니다. 동아시아 밖의 다른 문명권에서는 천자가 정치적 지배자가 아니고 종교적 수장이기만 한 경우가 흔히 있었다.

유교문명권의 천자는 어느 민족 출신이든지 할 수 있게 개방되어 있었다. 정치적 실권을 가진 큰 나라 중국의 통치자가 줄곧 천자였던 것은 다른 문명권에서는 볼 수 없던 일이다. 그 때문에 책봉을 정치적 지배관계로 이해하고 종교적 기능은 무시하는 것은 잘못이다. 공동의 이념을 구현하는 책봉체제가 전쟁을 막고 평화를 가져와, 국제적인 협동의 길을 열고, 교역을 원활하게 한 것을 평가해야 한다.

15·16세기 중국의 명(明), 한국의 조선(朝鮮), 일본의 실정(室町, 무로마치), 월남의 여(黎, 레), 유구의 중산(中山, 찌유잔) 왕조가 공존하던 시기를 되돌아보자. 다섯 나라 모두 안정을 얻고 대등한 수준의 문명을 누렸다. 전쟁은 물론 분쟁도 없이 오랫동안 평화가 계속되었다. 책봉체제가 그럴 수 있게 했다.

공동문어인 한문으로 일정한 격식을 사용해 쓰는 국서(國書)를 주고받는 것이 책봉체제 유지의 필수 요건이었다. 국서에서 '천도'(天道)의 규범이 '사해'(四海) 등이라고 일컫은 모든 곳에 일제히 대등하게 실현되기를 바란다고 했다. 종교를 정치의 상위에 두고, 정치에서 있을 수 있는 대립을 종교에서 해결하고자 했다.

《명사》(明史)에서 책봉 받는 나라가 '외국'(外國)임을 명시했다. 외국을 '번국'(蕃國)인가 아닌가에 따라서 둘로 나누었다. '번국'은 책봉 받는 나라이다. 번국에는 유교문명권 안의 나라도 있고, 밖의 나라도 있었다. 밖의 나라는 임시적인 책봉국이고, 안의 나라는 고정적인 책봉국이다. 명나라에서 사신을 보낸 횟수의 순위를 보면 고정적인 책봉국의 경우 1 유구(琉球), 2 안남(安南), 10 조선, 13 일본이다. 3에서 9까지와 12는 임시적인 책봉국이다.

유구가 1위인 것을 주목할 필요가 있다. 유구는 통일국가를 이룩하고 책봉체제에 들어가 동아시아 공동체의 일원이 되었다. 중국과 유구의 이해관계가 합치되어 조공 무역에서 특별한 위치를 차지했다. 중국의 물산을 동남아 각국에, 동남아 각국의 물산을 중국에 공급하는 구실을 맡아 막대한 이익을 남긴 덕분에 국가의 번영을 구가했다. 그때가 유구 역사의 전성기였다. 17세기 이후 유구는 주권을 상실하고 일본의 부용국(附庸國)이 되어 시련기에 들어섰다. 일본은 중국과 유구의 책봉관계를 폐지하지 않고 그대로 두면서 조공무역의 이익을 앗아갔다.

　2위인 안남은 명나라의 침공을 물리치고 주권을 회복하고 책봉관계를 되찾았다. 명나라는 월남을 침공해 외국임을 인정하지 않고 중국의 일부로 삼았다. 월남인은 영웅적인 투쟁을 해서 명나라 군대를 완전히 패배시키고 새로운 왕조를 창건했다. "북쪽으로 명나라 도적을 무찔렀다"(北擊明寇)는 위업으로 "황제를 안남왕으로 봉했다"(封帝爲安南王)는 전례를 쟁취했다. 주어는 "중국의 천자"이다. 월남의 통치자는 나라 안에서 황제이지만, 천자의 책봉을 받아 대외적으로는 안남국왕이다.

　10위 조선과 13위 일본은 차이가 크지 않다. 일본은 책봉체제에 소극적으로 가담했거나 거리들 두었다고 하는 것은 타당한 견해가 아니다. 거리가 멀어서 사신 왕래가 잦을 수 없었던 사정을 일본이 독자적인 노선을 택한 증거로 삼을 수 없다. 일본의 통치자는 나라 안에서 '장군'(將軍, 쇼군)인데 책봉을 받아 '일본국왕'(日本國王)이 되었다. 일본의 통치자에게 장군의 직함을 준 것은 '천황'(天皇, 덴노)이 한 일이다. 군사를 이끌고 아이누를 정벌하라고 해서 부여한 명칭이다. 천황이 국가의 통치자여서 책봉을 받아 일본국왕이 되었다가 정치적 실권을 상실하자 일본국왕의 지위를 장군에게 넘겨주었다.

통치자의 나라 안 호칭이 조선과 유구에서는 '왕'이고, 안남에서는 '황제'이고, 일본에서는 '장군'이고, 북방 나라들에서는 '칸'(干)이었지만, 대외적으로 공인된 호칭은 모두 어느 나라의 '국왕'이라 명칭과 위치가 동일해 서로 대등한 관계를 가졌다. 한국의 통치자도 고려시대에는 월남처럼 황제라고 일컬은 적 있으나 그 때문에 대외적인 지위가 달라진 것은 아니다. 일본 천황이 황제 위치의 통치자라고 자처하고, 조선국왕이 황제임을 선포하고, 월남의 황제가 대외적으로도 황제라고 한 것은 책봉체제를 청산하고 근대를 이룩할 때 일제히 일어난 변화이다.

일본이 책봉을 받다가 그만두었던 일이 두 번 있었다. 천황이 국왕일 때에 당나라와의 책봉관계를 중단한 적이 있다. 17세기 이후 덕천(德川, 도쿠가와)시대에도 책봉관계가 끊어졌다. 그 두 가지 사건에 대해서 오늘날의 일본인들은 흔히 일본의 자주성을 드높이고자 했기 때문이라고 한다. 책봉 받는 것은 자주성을 손상시키는 굴욕적인 처사라고 전제하고 그런 주장을 편다.

일본이 당나라와의 책봉관계를 중단한 것은 교통의 불편으로 사신 왕래가 어려웠기 때문이다. 한문문명을 계속 받아들여 일본의 고유문화가 손상되지 않게 하자는 것이 더 큰 이유였다는 견해는 타당하지 않다. 고유문화를 온전하게 하는 데서는 아이누인이 일본인보다 앞섰다. 일본인과 아이누인의 오랜 투쟁에서 일본인이 승리한 것은 한문문명에서 얻은 역량 덕분이다. 겸창(鎌倉, 가마쿠라)시대 이후의 무신정권은 책봉국가의 대열에 다시 들어섰기 때문에 동아시아문명의 발전에 동참할 수 있었다.

덕천시대에 책봉체제에서 다시 벗어난 것은 스스로 선택해서 한 일이 아니다. 중국의 청나라에서 침략전쟁을 일으킨 잘못을 용서하지 않아 책봉을 거절해, 일본은 '부정합'(不整合)하다고 스스로 규정한 위치를 감수하지 않을 수 없었다. 국가 통치자가 국왕이라고 일컫지 못하고 '일본국대군'(日本國大君)이라는 이름으로 국서를 발부하고 외교를 해야 했다. 유교문명권 회원 자격을 상실해 면구스럽고, 국교가 단절되어 공식적인 무역을 할 수 없었다.

16세기의 시인 임제(林悌)는 세상을 떠나면서, "천자

의 나라가 되어 보지 못한 곳에서 태어나 죽어 서러워
할 것 없으니 곡하지 말라"고 했다고 전한다. 한국인
도 중원을 차지해 천자의 나라 주인 노릇을 하지 못한
것을 아쉬워하는 말을 자주 듣는다. 그렇게 되었으면
무력을 키우고 유지하기 위해 수많은 사람을 희생시
키고 갖가지로 무리를 해서 마침내 민족이 소멸되었
으리라고 보는 것이 정상이다.

이것은 만주족의 전례를 두고 하는 말이다. 만주족
의 나라 후금(後金)이 산해관(山海關)을 넘어가 천자국이
되지 말고, 자기 강역을 확보한 민족국가로 정착하고
성장했으면 얼마나 좋았을까 하고 생각해본다. 한국
은 만주족 같은 모험을 하지 않고, 할 필요도 없어 책
봉체제의 수혜자로 남아 있으면서 강토와 주권을 온전
하게 지켰다. 동아시아문명을 중심부와 가까운 곳에서
받아들여 수준을 더 높이면서 민족문화 발전에 적극
활용한 것이 행운이다. 월남은 힘든 싸움을 해서 가까
스로 얻곤 하던 이득을 평화를 누리면서 확보했다.

오늘날 문명권 전체의 유대를 공고하게 하는 과업
을 문화나 경제에서뿐만 아니라 정치에서도 이룩하고
자 하면서 책봉체제가 있던 시절의 상호관계를 재평

가하지 않을 수 없다. 범아랍민족주의가 그 길을 찾고 있는 것은 이미 오래된 일이다. 유럽통합은 더 늦게 시작되었으나 더욱 두드러진 성과를 보여주고 있다. 그런데 동아시아만 책봉체제를 역사의 과오라고 규탄하는 근대주의의 낡은 사고방식에 머무르고 있어 안타깝다.

3) 과거제도

동아시아 공동문어 한문은 문명권 전체에 통용되는 의사소통의 수단이었으며, 정신세계가 근접될 수 있게 했다. 공동의 경전에 근거를 두고 인간성이나 가치관에 대한 이해를 함께 갖추고, 감수성에서도 서로 가까워지게 하면서, 법률과 제도에 관한 지식이나 실생활에 필요한 기술을 제공했다.

공동문어 구사 능력을 평가하는 시험이 과거(科擧)였다. 천인(賤人)이 아닌 양인(良人)이면 과거에 참여해 관직에 나아갈 수 있게 제도화되어 있었다. 중세의 신분제를 이 정도 완화하는 것은 다른 문명권들에서는 없던 일이다. 중국에 이어 한국과 월남도 과거를 실시해 동아시아 중세문명이 앞서 나갈 수 있었다. 그렇게 하는 데 동참하지 않은 일본은 신분에 따라 관직을 담당하는 관습을 유지해, 문명권 주변부의 특성을 오랫동안 보여주었다.

과거제가 잘못 운영되고 폐단을 자아내기도 했다고 해서 비판의 대상으로 삼는 것은 부적절하다. 과거제가 없는 곳에서는 무력 다툼과 신분 세습으로 관직을 차지해, 학자나 문인은 능력이 아무리 뛰어나도 실무 기술자의 지위에 머물렀다. 획기적인 의의를 가진 역사의 창안물이 다 그렇듯이, 과거 또한 오래 지속되는 동안에 말폐가 나타났다. 출제 방식이 경색되고 선발이 공정하지 못해 비난의 대상이 되었다.

그럴 무렵에 중국에 온 유럽인 기독교 선교사들이 과거의 가치를 뒤늦게 발견하고, 유럽의 근대 고시제도를 만드는 지침으로 이용했다. 그러면서 고시 과목은 문학에서 법학으로 바꾸었다. 동아시아 과거에서는 법학을 하위과목으로 다루어 행정실무를 담당하는 하급급제자를 뽑는 데 이용했다. 유럽의 법학고시에서는 문학은 아무 소용도 없다고 여겨 아주 배제한다.

문학과 법학 가운데 어느 것이 나라를 다스리는 데 더욱 긴요한가 하는 질문을 제기하면 두말할 필요가 없이 법학이라고 하는 것이 근대인의 상식이다. 그러나 동아시아 중세인은 법에 따라 움직이는 실무활동 상위에 가치관을 정립하고 정신을 개발해 사리를 종합적으로 판단하는 문학이 있어야 한다고 여겨 과거를 문학고시로 만들었다. 이른 시기 유럽에서 철학자가 국가를 통치해야 한다고 한 공상을, 철학자를 문학인으로 바꾸어 실현했다.

과거제도는 위와 같은 공통점과 함께 나라마다의 차이점이 있었다. 먼저 과거제도가 실시된 기간을 보자. 중국은 589년부터 1911년까지이다. 한국은 958년부터 1894년까지이다. 월남은 1075년부터 1919년까지이다. 한국은 과거제도를 두 번째로 시작하고 가장 먼저 폐지했다. 1894년의 갑오경장(甲午更張)에서 근대국가로 나아가는 개혁을 한 것이 1911년에 일어난 신해혁명(辛亥革命)보다 빨랐다. 갑오경장에서 한문 대신 국문을 공용문으로 사용하기로 결정해 과거제도의 시대가 끝났다. 월남은 프랑스 식민지가 된 다음에도 한참 동안 유명무실한 과거제도를 지속시켰다.

중국에서는 과거에 급제한 사람은 '신'(紳)이라고 하고 급제해 벼슬한 사람은 '사'(士)라고 하고, 둘을 합친 '신사'(紳士)에게는 상층 신분의 특권을 인정했다. 그래서 과거를 보기 위해 공부를 하고, 공부한 사람이면 당연히 과거를 보았다. 18세기 혁신사상가 대진(戴震)도 낙방을 거듭하면서 계속 응시했으며, 과거를 멀리할 생각을 하지 못했다.

한국에서는 과거에 급제하지 않아도 상층 양반의 신분을 유지할 수 있었다. 과거의 폐단이 커지자 급제를 대단하게 여기지 않고, 과거 보기를 거부하고 진정한 학문을 하고 올바른 글을 쓰려고 하는 선비를 높이 평가하는 풍조가 있었다. 박지원(朴趾源)은 빼어난 문장가이면서 과거를 보려고 하지 않았다. 마지못해 과거장에 가서는 답안을 쓰다가 이상한 그림이나 그리면서 딴전을 부렸다는 일화를 남겼다. 과거 급제와 무관하게 학문을 한 사람들이 세태를 비판하고 혁신사상을 전개했다.

월남에서는 과거 준비가 공부를 할 수 있는 거의 유일한 기회여서 다루는 범위를 넓혔다. 국정을 쇄신하는 정권이 등장하면 월남어 글 자남(字喃, chunom, 쯔놈)

시험을 과거에 포함시키고자 했다. 과거 급제자가 민중과 가까운 관계를 가지고, 민중운동에 나서고 독립투쟁을 했다. 과거제도를 이어오면서 가꾼 지적 능력을 변용해 활용하면서 역사를 창조했다.

  4) 평등 의식

  한국의 전통사회도 다른 모든 나라처럼 신분사회였다. 신분제의 확립과 더불어 중세가 시작되었다고 할 수 있다. 중국이나 월남처럼 한국에서도 과거제로 지배신분을 확인하고 관직 담당자를 선발했다. 문무 양반으로 이루어진 지배신분 가운데 문반이 우위를 차지하고 무반 위에 군림하는 정도가 가장 컸으며, 일본의 경우와 반대가 되었다.

  중세에서 근대로의 이행기에 이르면, 자산계급인 시민이 등장해 신분사회를 계급사회로 바꾸어놓으려고 한 세계사의 변화가 한국에서도 일어났다. 이에 대처하는 방법은 나라마다 달랐다. 영국의 귀족은 시민의 생업에 참여했다. 프랑스에서는 부유한 시민은 국가 시책에 따라서 귀족의 신분을 획득하도록 했다. 독일에서는 시민이 귀족을 추종했다. 유럽의 경우에는 많은 연구가 이루어졌으나 동아시아는 그렇지 못해 사태가 모호한 것 같지만, 더욱 선명한 이해가 가능하다.

중국에서는 신분제를 최상위에서만 유지해, 자기 당대에 과거에 급제한 신사(紳士)만 지배신분의 혜택을 누리게 했다. 일본에서는 정인(町人, 조닌)이라고 일컫는 시민을 한 신분으로 인정해서, 신분제가 흔들리지 않게 하고, 시민의 경제활동을 보장했다. 월남에서는 신분제를 타파하고 시민의 활동을 자유롭게 하자고 하는 주장이 변란을 거쳐 구현되다가 취소되었다. 한국에서는 시민의 능력을 가지고 양반의 신분을 부당하게 취득하는 풍조가 확대되어 신분제가 무력하게 되었다. 정약용(丁若鏞)은 관가에 가지고 와서 소송을 하는 족보 가운데 8·9할이 가짜라고 하면서, 모두 족보를 갖추고 양반이 되면 반상의 구분이 없어질 터이니 환영할 만한 일이라고 했다.

중국에서는 과거제를 폐지하자 모든 사람이 평민이 되는 하향평등이 이루어지고, 한국에서는 능력이 있

으면 누구나 양반이 되는 상향평등이 진행되어 오늘
에 이르렀다. 일본에서는 신분제의 유산을 지닌 채 위
로부터의 근대화를 추진했다. 월남은 민족해방투쟁을
전개하는 과정에서 상층 출신의 지식인이 민중과 동
화되면서 민중을 이끌었다.

오늘날 한국에는 신분 차별 의식이 없다. 천민의 후
손인 것을 일본에서는 극력 감추어 차별을 피하지만,
한국에서는 아주 다르다. 고기장사는 천민인 백정이
하던 일인데, 대대로 고기장사를 했다고 선전하면서
손님을 모으는 식당이 있다. 양반 족보가 필요하면 거
래 업자에게 돈을 내고 쉽게 만들 수 있다. 대통령은
존귀하다고 생각하지 않고 누구나 쉽게 나무란다. 만
민평등(萬民平等)의 이상이 실현되었다.

평등은 사회적 지위에 관한 것만이 아니다. 지식이
나 지혜의 평등이 더욱 소중하다. 난해하기 이를 데
없는 불교 경전을 소상하게 풀이한 신라의 고승 원효
(元曉)는 뱀처럼 기어다니던 아이 사복(蛇伏)이 말이 너
무 많다고 나무라자 입을 다물었다고 《삼국유사》에
적혀 있다. 유식 위에 무식이 있고, 유식의 근거는 무
식임을 일깨워준 일화이다.

근래 뛰어난 사상가이면서 시인인 한용운(韓龍雲)은 "넓은 땅에 사는 범부는 본디 스스로 만족함을 갖추고 있고, 일체의 성현은 도리를 모두 말할 수 없다"(博地凡夫 本自具足 一切賢聖 道破不得)고 말했다. 낮은 자리에 있는 예사 사람들인 '범부'가 삶을 누리기나 하면 되는 이치를 지혜가 대단해 위치에 올랐다고 하는 '현성'들이 다 밝혀 논할 수 없다는 말이다. 범부가 누리고 있는 "본디 스스로 만족함을 갖춘" 경지는 아무런 차등 없이 원만하기만 해서 말이 모자라 전하기 어렵다고 한 것이다.

5. 총체사로 나아가는 길

역사는 정치사이고, 국사는 국가의 위세를 자랑하는 역사여야 한다는 것은 잘못이다. 정치사에서 사회사로, 사회사에서 문화사로 나아가야 한다. 그 모두를 합친 총체사를 이룩하는 것이 바람직하다. 총체사로 나아가는 것은 쉽지 않지만, 노력하고 시도해야 한다. 당위를 역설하지 말고 실행을 해야 한다.

2013년에 국사를 대학수학능력시험 필수과목으로 하는 데 대한 질문을 인터넷 홈페이지에서 받고 다음과 같이 대답한 적이 있다.

> 환영할 일이지만, 편협한 국가주의를 주입하는 사실 외기를 강요하지 않을까 염려한다. 정치사를 넘어서서 다면적 총체사로, 국가사를 넘어서서 동아시아 문명권과 세계 전체를 바람직하게 이해하는 보편사로 나아가려고 하지 않으면, 사고를 축소하고 비판을 둔화하는 역효과를 낼 수 있다. 세계화 시대의 창조력 개발에 장애가 되는 낡은 교육으로 되돌아가 학교에 대한 불신을 키울 수 있다. 연구가 답보 상태인데 교육을 잘할 수 있을까 걱정이다.

국사만이 아니고 국어도 걱정이다. 국어는 문화과목이 아니고 도구과목이어야 한다는 이유로 문학은 제외했다. 의사소통의 기능이나 효율만 중요시하고, 문학의 유산을 통해 민족문화의 전통을 이어받고 재창조하는 과업은 버렸다. 독립된 교과목이기까지 하다가 국어 교과서에 포함시켜 다루던 문학사 공부는 아주 없앴다.

이런 잘못을 다른 나라의 경우와 비교해서 검토하는 작업을 이미 다각도로 했으므로, 그 일부를 가져오기로 한다. 위에서 이미 소개한《영어를 공용어로 하자는 망상》에서 국어를 도구과목으로 한 실책을 나무란 대목을 든다. 또, 최근에 내놓은《문학사는 어디로》(지식산업사, 2015)에서 국문학사 교육의 실종을 고발한 것을 인용한다.

영어가 국어인 영국에서는 학교에서 배우는 영어가 문화과목이다. 영어를 통해서 영국의 민족문화를 이어받기 위해 영문학 공부를 열심히 한다. 국어가 있는 다른 모든 나라에서도 국어는 문화과목이다. 그런데 미국에서는 영어가 도구과목이다. 미국인은 영어를 문화과목으로 해서 영국에서 창조한 민족문화의 전통을 이어받고자 하는 시도가 실패로 돌아가고 영어를 공용어로 지정할 수도 없게 되어, 영어는 서로 다른 문화전통을 가진 미국인들이 의사소통을 하는 데 필요한 언어임을 시인하고, 거기 맞는 교육방법을 마련했다.

영어를 도구과목으로 공부하는 것이 그 방법이다. 영어로 읽고, 쓰고, 말하는 방법을 연마하는 것이 그 핵심이다. 쓰기에서는 논문작법의 형식요건을 갖추는 데 힘쓰고, 말하기에서는 대중연설을 하는 기법을 연마한다. 문학은 영어공부의 필수영역이 아니라고 여기고, 별도로 공부하려면 영문학 외에 다른 여러 언어의 문학작품 영역본도 함께 다루는 것이 바람직하다고 한다.

미국에서 영어를 도구과목으로 하는 것이 선진적인 교육방법이라고 여겨 한국에도 그대로 가져오려고 하는 사람들이 크게 행세해 우리 국어교육을 망치고 있다. 우리 국어도 도구과목으로 하는 것이 마땅하다고 여겨 미국을 따르고 있다. 문학은 제거해 선택과목으로 만드는 한편, 국어과목에서는 읽고, 쓰고, 말하는 훈련만 전문적으로 실시하는 쪽으로 교과서가 개편되고 교육내용이 달라졌다. 국어가 문화과목이지 못해서 민족문화를 계승하는 통로가 막히고, 통일을 가능하게 하는 공동의 유산에서 남쪽이 더 많이 이탈한다.(《영어를 공용어로 하자는 망상》, 38~39면)

프랑스에서는 리세(lycée)라고 하는 고등학교에서도 자국문학사를 가르치면서 문학사 일반에 관한 고찰까지 한다. 문학사의 교본으로 숭앙되는 랑송, 《불문학사》(1894)는 저자가 대학에 가기 전에 고등학교에서 가르치면서 이룩한 업적이다. 문학사를 어떻게 쓰고 가르칠 것인가 고등학생들을 위해

진지하게 고민해 얻은 성과가 대학으로 이어지고, 문학사학
의 학문적 발전을 가져오는 나라가 프랑스이다.

프랑스뿐만 아니라 이탈리아에서도 고등학생들에게 문학
사 수업을 한다. 《문학사 편람》, 《작품 선집》, 대표작 전문을
차례대로 공부하도록 한다. 《문학사 편람》은 여러 권인 것이
예사이고, 문학사의 전개를 세기, 문예사조, 역사문화적 변
동 등으로 구분해 고찰한다. 전문을 읽는 대표작은 단테의
《신곡》이다. 이렇게 하는 데 대해 많은 논란이 있다고 하는
데, 이탈리아어 논저는 검토할 능력이 없어 프랑스의 경우를
들어 논의를 구체화하기로 한다.

프랑스나 이탈리아의 고등학교에서 하는 문학사 수업은
대학의 전공학과에서도 문학사를 소홀히 다루는 미국의 경
우와는 극과 극의 대조가 된다. 영미에는 작품 읽기로 문학
공부를 하고 문학사는 요긴하지 않다고 여겨온 관습이 있는
데다 덧보태 부정론이 대두하면서 문학사를 더욱 천대한다.
프랑스에서는 문학사를 논란의 대상으로 삼으면서도 격하하
지 않고 계속 중요한 교과목으로 삼는다. 작품 읽기에 힘쓰
지만, 문학사를 통해 읽은 것을 더 잘 이해하도록 하고, 읽지
않은 것들에 대해서까지 이해를 넓히고, 학문이 무엇인지 경
험하게 하는 것까지 목표로 한다.

내가 고등학생 시절에는 한국에서도 국문학사를 가르쳤다. 조윤제, 《국문학사》(1949)를 축소한 《교육국문학사》(1954)가 교재였다. 교재에 있는 대로 지식 전달을 하는 수업이 불만이어서 나는 《국문학사》를 사서 읽었다. 문학사와의 오랜 인연이 그때 시작되었다. 어느 시기부터인지 문학사라는 교과목은 없어지고, 조윤제가 집필한 문학사 요약이 고등학교 1·2·3학년 《국어》책에 나뉘어 실리더니 그것마저 없어졌다. 국어를 의사소통을 위한 도구과목으로 삼고 문학은 교육 내용에서 제외한 것이 지금의 형편이다. 문학이라는 교과목이 따로 있는데 일부가 선택하고, 문학사는 포함되어 있지 않다.

프랑스에서는 고등학교 문학사 교육을 위해 일정한 교재를 만들지는 않는다. 기존의 문학사를 여럿 활용해 교사가 재량껏 가르친다. '재량껏'이 고민을 낳아 문학사에 관해 연구하고 논의하지 않을 수 없다. 고등학교에서 문학사를 어떻게 가르쳐야 하는가를 심각하게 문제 삼은 책이 여럿 있다. 문학사 무용론은 거론할 가치가 없고, 문학사의 의의를 분명하게 하고 어떤 내용으로 어떻게 가르쳐야 하는지 잘 알아야 교육의 효과를 높일 수 있다고 한다. 고등학생이니 적당히 수준을 낮추어 가르치면 된다는 편의주의는 찾아볼 수 없다.

연구 업적으로 평가되기 위해 현학적인 언설을 펴는 폐풍에서 벗어나, 실제적인 필요성 때문에 문학사 일반론의 핵심적인 문제를 논란의 대상으로 하고 해결책을 제시한다.(《문학사는 어디로》, 554~556면)

여기서 국어가 도구과목이 아닌 문화과목이게 하고, 문학사 공부를 되살리고 하는 작업까지 할 겨를은 없다. 문학의 유산을 이어받고 문학사를 탐구하는 작업을 역사 이해를 혁신해 하자고 제안한다. 역사가 문화사이고 총체사이려면 문학사를 포함해야 한다. 문학사는 역사가 문화사이고 총체사가 될 수 있는 길을 앞서서 열 수 있다.

나는 그 작업을 《한국문학통사》에서 하려고 노력했다. 제2권(지식산업사, 제4판, 2005)의 한 대목을 들어, 무엇을 했는지 말하고자 한다. 고려후기의 사회·사상·문학의 변화가 어떻게 맞물려 총체를 이루는지 해명하고, 비슷한 변화가 세계 도처에 있었다고 하는 비교론을 곁들였다. 앞으로 역사 교육에서 다루어야 할 내용이다.

고려후기는 향가가 사라진 시대였다. 신라 이래의 오랜 역사를 가진 향가가 고려전기가 끝나는 것과 함께 그 잔존 형태마저 자취를 감추고 다시 나타나지 않았다. 향찰 표기법으로 우리말 노래를 적는 관습이 없어졌다는 것이 아니고, 향가라고 하는 문학의 갈래가 역사적인 종말을 고했다는 말이다.

그런 사실은 문학사의 커다란 흐름을 역사 전반의 동향과 관련시켜 이해해야 그 이유와 의미가 드러난다. 고려전기에는 신라의 전통을 이은 문벌귀족이 지배세력으로 군림하면서 상층문화를 담당해 향가가 지속될 수 있었다. 무신란이 일어나 문벌귀족의 지배체제가 무너지자 향가가 존재할 수 있는 기반이 없어지고, 중세전기문학의 오랜 시기가 끝났다.

고려후기에는 권문세족이 국권을 장악하고 있었으며, 신흥사대부가 경쟁세력으로 성장했다. 권문세족은 무신란·몽고란을 겪고 원나라의 간섭이 지속되는 동안에 정상적이랄 수 없는 기회를 잡아 권력과 토지는 차지했지만, 상층문화를 재건하는 능력은 가지지 못했다. 흥겨운 놀이나 찾는 국왕을 부추겨, 이념적 긴장은 풀어버리고 위엄은 돌보지 않으면서 유흥적이고 향락적인 기풍의 속악정재와 속악가사를 즐긴 것은 이미 고찰한 바와 같다. 그렇게 해서는 나라가 망한다는 위기의식을 가지고 신흥사대부는 지배체제를 바로잡는 이념을 마련하고자 했다.

백성의 삶을 함부로 유린하면서 향락에 빠지는 잘못을 근본적으로 시정하려면, 사고방식을 근본적으로 바꾸어야 했다. 원래 지방 향리 출신이어서 백성과 가까운 관계를 가지고 제반 실무를 다루어온 신흥사대부의 경험을 말하는 수준을 넘어서서, 현실을 제대로 인식하고 도의를 분명하게 하면서, 그 둘을 하나라고 하는 세계관이 필요했다. 그것은 바로 높은 수준의 이론불교를 갖추어 정립한 중세전기의 '심'(心) 철학에 대한 중세후기의 대안을 제시하는 작업이어서, 여러 단계를 거쳐 힘들게 진행해야 했다.

작업 진행 과정을 제대로 밝히려면 많은 지면이 필요하므로, 용어 변천에다 중심을 두고 간명하게 정리하는 방법을 택하기로 하자. 이규보(李奎報)가 현실에 해당하는 것은 '물'(物), 도의 쪽은 '도'(道)라고 한 것은 독자적인 발상이다. 이색(李穡)은 신유학을 받아들이고자 했으면서도 '물'과 '도'라는 말을 그대로 썼다. 정도전(鄭道傳)은 신유학의 정수가 되는 철학을 자기 논리로 정립하면서 '기'(器)와 '도'의 관계를 논했다. 이기철학을 받아들여 재창조하는 단계에 이르면, '물'이니 '기'(器)니 하던 것은 '기'(氣)라고 하고, '도'는

'이'(理)라고 하는 용어가 일반화되었다.

철학의 사고를 바꾸어나가는 것과 병행해 문학도 기본 양상을 혁신했다. 문학에서 한 작업은 다른 어느 곳의 전례를 참고로 하지 않고 독자적으로 진행했으며, 새로운 갈래를 다시 만드는 것을 기본과업으로 삼았다. 철학사와 문학사는 둘이면서 하나이고, 하나이면서 둘임을 알아야 그런 사실을 파악할 수 있는 시야가 열린다. 문학갈래는 시대의 산물이고 이념 구현물임을 밝히는 것이 문학사 이해의 긴요한 과제임을 확인하면서 문학연구의 범위를 넘어서야 한다.

오직 '심'만 소중하다고 하던 시대의 이념을 세계를 자아화해서 구현한 향가를 대신해, '물'과 '도'를 함께 중요시하는 시대에는 자아를 세계화하는 교술시를 새롭게 마련하고, 세계를 자아화하는 서정시를 다시 만들어야 했다. 외국의 전례에 의거하지 않은 독자적인 창조물인 우리말 시가에서 중세전기는 서정시의 시대이고, 중세후기는 교술시와 서정시가 공존하는 시대였다. 중세전기와 중세후기를 구분하는 가장 뚜렷한 징표가 바로 이것이다.

우리 문학사만 그런 것은 아니다. 월남 또한 한문문명권의 중간부여서 중세후기 교술시를 우리와 거의 같은 양상으로 마련했다. 고찰의 범위를 더 확대하면, 여러 문명권의 중간부인 산스크리트문명권의 타밀, 아랍어문명권의 페르시아, 라틴어문명권의 프랑스 등이 모두 13세기 전후에 민족어 교술시를 크게 발전시켰다. 중국 같은 중심부에는 교술시가 이미 있고, 일본 같은 주변부에는 교술시가 없거나 시가에서 사상의 문제를 다루지 않는 것도 널리 확인되는 현상이다.

'심'과 '물'을 함께 중요시하는 사고형태가 어느 문명권에서든지 나타나 중세후기를 일제히 맞이하게 했다. 전환을 구현하는 방식의 분담에도 기본적인 공통점이 있다. 문명권의 중간부마다 주희(朱熹) 같은 스승이 나와, 유교·힌두교·이슬람교·기독교의 기본원리를 '물'에 대한 인식이 포함되게 고쳐 체계화하는 공동문어 논설을 완성했다. 그 뒤를 따라야 하는 중간부에서는 다른 길을 찾았다. 현실에 대한 새로운 인식을 표출하는 민족어 교술시 육성을 대안으로 제시해 후진이 선진이게 했다. 멀리 있는 주변부는 그 경쟁에 뛰어들 처지가 아니었다.

중세후기 민족어 교술시의 구체적인 양상은 나라마다 다르다. 우리 경우에는 중세후기에 새롭게 이룩한

교술시가 경기체가(景幾體歌)와 가사(歌辭)이고, 서정시
가 시조(時調)이다. 교술시는 둘이어서 경쟁관계를 가
졌다. 먼저 나타난 경기체가가 쇠퇴하면서 후발 교술
시 가사가 주도권을 차지해 오랜 생명을 누리면서 다
음 시대에도 큰 구실을 했다. 시조는 오늘날까지 남아
있다.

경기체가와 가사의 차이점을 설명하는 방법을
'심'(心)·'신'(身)·'인'(人)·'물'(物)의 관계를 올바르게
파악해야 한다고 한 정도전의 지론에서 가져올 수 있
다. '심'과 '물' 중간에 들어 있는 '신'은 신체활동이고,
'인'은 인간관계이다. 그 넷 가운데 어디까지가 자아
이고 어디서부터는 세계인가는 경우에 따라 다르다.
경기체가는 '심'·'신'·'인'인 자아를 '물'로 세계화했
다면, 가사는 '심'인 자아를 '신'·'인'·'물'로 세계화
했다.

경기체가는 연이 나누어지고 여음이 있는 속악가사
의 형식을 따라 만든 사대부들의 노래였다. 길게 이어
지는 교술민요를 선승들이 포교 목적으로 창작한 것
이 가사의 시초이다. 그 둘이 계속 따로 놀지 않았다.
새 시대를 이룩하는 경쟁에서 사대부가 이기고 선승

이 진 관계가 시가에서도 나타났다. 사대부가 개별화된 '물'을 단순화시키던 단계를 지나 '신'·'인'·'물'의 복합체를 소중하게 여기는 방향으로 세계인식을 확대하면서, 승려들의 창안물인 가사를 자기네 것으로 만들었다.

시조의 특성은 사뇌가와 비교해 이해할 수 있다. 사뇌가가 다섯 줄이라면, 시조는 세 줄이다. 사뇌가는 '4+1'이고, 시조는 '2+1'이라고 하면 공통점이 잘 드러난다. '1'이 다른 줄과 다른 특이한 짜임새를 가진 것은 같다. '4'가 절반이 되면 '2'이다.

'심'을 소중하게 여기던 시대에는 세계의 자아화에 많은 것을 기대하고, 아득하게 높은 것을 추구하는 숭고를 대단하게 여겨 '4'가 필요했다. 그러나 '심'과 '물'의 관계를 문제 삼는 시대에는 '심'이 멀리까지 나아가지 않고 세계를 자아화하는 작업을 신변에서 진행하고 우아를 갖추는 것으로 만족해 '2'이면 되었다. (176~179면)

제2부 국사를 넘어서는 열린 시야

1. 비교 검토의 이유

한국에서 하고 있는 국사학을 그 자체로 재검토하는 것은 어려운 일이다. 관찰의 대상과 주체가 너무 근접되어 있어 근시안에서 벗어나지 못한다. 무엇이 문제인가 잘 나타나지 않는다. 그렇기 때문에 자기비판을 하기 어렵다. 한국의 사학사에 관한 논의가 풍성하지만 피상적인 논의를 하고, 기존 업적에 대해서 평면적인 포폄이나 하고 마는 것이 그 때문이다.

국사를 하는 것은 당연하다고 전제하고, 국사를 하는 노선이나 방법을 두고 시비할 따름이다. 국사 자체를 재검토하는 것은 기대할 수 없는 일이다. 국사학은 국사학자들이 생업을 영위하는 영역이기 때문에 그 존재 의의에 대한 근본적인 재검토를 할 수 없다. 그 일은 이웃 분야 전공자들이나 할 수 있다.

한국의 사학사에 관한 논의가 풍성하게 이루어지고 있는 것은 주목할 만한 일이다. 그 방면의 저술이 잇따라 출판되어 많이 읽히고 있다. 국사 개설서 다음으로 일반 독자와 가장 폭넓게 만나고 있는 국사학계의 업적이 사학사에 관한 것이다. 그것은 국사를 어떻게 하는가 하는 이론과 방법에 기대하는 바가 크기 때문이다. 우리 학문을 선도하는 노력을 거기서 하고 있지 않을까 하고 기대하기도 한다.

그러나 사학사 서술에 나타나 있는 내용은 지금까지 이루어진 연구 경향에 대한 평면적인 시비이다. 학파를 몇 가지로 나누어 고찰하면서 그것들이 각기 그 나름대로의 의의와 한계를 가졌다고 한다. 국사라는 학문 영역을 정해서 역사를 연구하는 작업 자체는 재검토의 대상으로 삼지 않는다. 이론과 방법의 문제점을 깊이 파고들지 않고, 연구 진행의 경과를 정리하는 데 머무른다. 여러 업적이 각기 그것대로의 의의와 한계를 가진다는 말을 되풀이한다. 기존의 작업을 골라서 평가하는 시각에서 다소 차이가 있어도, 어차피 집안싸움이니 사태가 그리 심각하지 않다.

집안싸움이라고 하는 말을 쓰는 이유는 둘이다. 국사학의 문제를 다른 학문과 연관 지어 함께 논하지 않는다. 국사학의 문제를 다른 나라 사학과 비교해 검토하지도 않는다. 국사학의 문제를 국사학이 홀로 감당하는 것이 자랑스럽다는 고립노선을 견지하고 있는 데 있다.

국사학의 고립이 불만이어서, 문학에서 출발해서 우리 학문의 전반적인 문제와 방향을 논하면서 국사의 문제를 계속 거론하고 비판해왔다. 이번에는 다른 측면, 한국사학은 외국의 경우와 무관하다는 대외적인 고립을 무너뜨리고자 한다. 국사란 도대체 무엇이며, 지금과 같이 계속해서 할 것인가 하는 문제를 다른 나라의 경우와 함께 다룬다. 그렇게 하기 위해서 필요한 비교대상을 타이와 월남에서 찾기로 한다.

비교대상을 중국으로 하지 않는 것은 중국은 민족국가가 아니기 때문이다. 중국에서는 국사보다 더 넓은 역사를 국사라고 한다. 이것도 시비해야 마땅하지만 우리 국사에 대한 자기반성과는 거리가 있는 작업이다. 일본에는 국사가 있으나, 서술 방법이 다르다. 일본사는 으레 공저로 하고, 여러 권을 이룬다. 한 사람이 자기 관점에서 일관되게 서술한 적당한 분량의 일본사가 없어 비교 대상을 찾지 못한다.

타이와 월남은 적절한 크기의 민족국가이다. 우리와 직접적인 교류는 별반 없었으면서, 그리 멀지 않은 곳에서 상당한 공통점을 가진 문화를 공유하고, 역사 전개의 과정을 비슷하게 겪었다. 한 민족이 주도자가 되어 오랫동안 민족국가를 지녀온 점도 서로 같다. 타이·월남과 함께 우리 한국은 국사를 중요시하는 나라의 대표적인 본보기로 나란히 설 만하다. 한 개인이 일관되게 서술한 그 나라 국사서를 대표할 만한 책이 각기 하나씩 비슷한 시기에 나와 있어, 비교논의의 주 자료로 삼을 수 있다.

타이나 월남 근처 아시아의 다른 나라 가운데 캄보디아는 민족국가의 오랜 역사가 있어 비교대상으로 삼을 만하지만, 이용할 수 있는 책을 찾지 못했다. 말레이시아와 인도네시아는 공유하고 있던 역사를 인위적으로 갈라놓은 사정이 있어 민족국가 역사서 검토의 좋은 사례를 제공하지 못한다. 인도네시아는 성격이 복잡한 다민족국가인 점에서 중국과 유사하다. 필리핀에는 국사라고 할 것이 뚜렷하지 않다.

　타이 국사서는 영어로, 월남 국사서는 불어로 출간된 것이 있어 손쉽게 이용할 수 있다. 외국어를 사용했지만, 자국에서 저술하고 자국에서 출판했다. 한국 것은 많이 읽히는 저작의 최근판을 택한다. 세 책의 약호와 서지 사항을 밝힌다. 앞으로는 서두에 든 약호로 지칭한다.

《타이사》 Rong Syamananda, *A History of Thailand* (Bangkok: Thai Watana Panich, Fourth edition 1981)

《월남사》 Nguyen Khac Vien, *Vietnam, une longue histoire*(Hanoi: Éditions en langues étrangèrs, 1987)

《한국사》 李基白, 《韓國史新論》(서울: 一潮閣, 新修版 1990)

2. 타이사

《타이사》[1]의 저자 롱 시아마난다(Rong Syamananda)는 출라롱콘(Chulalongkorn)대학의 사학 교수라고 소개되어 있다. 초판 머리말에서, 자기는 영국에서 공부할 때부터 타이의 관점에서 쓴 타이역사서를 영어로 내서 외국인에게 읽혀야겠다고 생각하고, 이 책을 내놓게 되었다고 했다. 타이에는 흔히 있는 책을 영어로 옮긴 것 같지는 않고, 저자의 견해를 일관되게 제시한 노작으로 보인다.

권말의 참고문헌에서 타이어로 된 타이역사 개설서는 1927·1938·1943년에 나온 것들을 들었다. 이 책이 처음 나온 1981년 가까운 시기에는 그런 것이 없으니, 저자 나름대로 새로운 작업을 해야만 되었다고 보

---

1) 책의 차례를 들면 다음과 같다. Introduction, Chapter I. Origins and Migrations of the Thai, Chapter II. Movement of the Thai towards the Indo-Chinese Peninsula, Chapter III. The Indo-Chinese Peninsula and Thai Principalities, Chapter IV. The Rise and the Fall of the Kingdom of Sukhotai, Chapter V. Ayutthaya from its Foundation as the Capital and to its First Fall, Chapter VI. Restoration of Thai Independence by Naresuan the Great, Chapter VII. Thai Intercourse with Other Countries, Chapter VIII. End of Ayutthaya, Chapter IX. Taskin of Thon Buri, Chapter X. Siam under Rama I(1782~1809), Rama II(1809~1824) and Rama III(1824~1851), Chapter XI. Modernization of the Kingdom, Chapter XII. Before the Democratic Period, Chapter XIII. Democracy in Thailand

아 마땅하다. 영어로 된 참고문헌에서 든 타이역사 개설서는, 타이인이 짓고 타이에서 출판한 것이 1954년에 하나 나왔고, 1966과 1967년에 미국에서 나온 두 권짜리가 있다. 국내외를 막론하고, 타이역사 개설서로는 이 책이 가장 새로운 것임을 확인할 수 있다.

그러나 타이민족의 기원이라든가 하는 등의 해결이 어려운 문제에 관해서는 유럽문명권학자들의 연구를 인용하기 급급하다. 영어 외에 프랑스어를 사용한 논저도 들면서 영어로 옮기지 않고 프랑스어 원문을 그대로 인용했다. 독일어 등 그 밖의 다른 언어로 된 논저는 저자가 읽을 수 없어 거론하지 않은 것 같다. 그러면서 타이 학자들의 연구 성과는 인용하지 않았다. 타이역사에 관한 타이 학자들의 연구 성과는 특별히 내세울 것이 없거나, 아니면 그리 긴요하지 않다고 생각한 듯하다. 타이인이 하는 일은 주체적인 관점을 세우는 데 그친 것 같다.

책 첫 면에서 기존 연구의 논저를 일곱 가지나 인용해서 타이민족의 기원을 밝히는 데 이용했다. 타이 학자들은 어떤 견해를 제시했는가 말하지 않았다. 저자 나름대로 새로 밝힌 사실은 없다. 그러면서 타이역

사의 시작을 이해하는 방식에서는 저자가 주장하고자
하는 바가 뚜렷하다.

타이민족이 지금의 타이 땅으로 이주하기 전에 그
곳에서 선주민의 문화가 창조되고 역사가 전개되었던
것은 전혀 언급하지 않고 타이민족의 역사만 타이역
사라고 보았다. 타이 땅에는 농경문화가 아주 일찍 시
작되었다. 선주민 가운데 몬(Mon)족은 높은 수준의 불
교문화를 이룩했다. 품격 높은 불교미술 작품이 다수
남아 있어 그 내력을 알려준다. 타이민족이 이주해 와
서 그곳 선주민을 정복하면서 인종의 혼혈과 함께 문
화의 복합이 이루어졌다. 그런데 그런 사실을 무시하
고 있다. 몬족의 역사는 타이역사가 아니라고 하고,
몬족이 타이국가 안에서 소수민족으로 살아가는 삶을
국사 범위 밖으로 내몰았다.

타이민족은 타이 땅에만 살지 않고 다른 나라에도
흩어져 있다. 중국에도 동족이 있어, 지금 '다이'(泰 또
는 傣)족이라고 일컬어진다. 월남, 미얀마, 인도 등지
에도 타이민족의 갈래라고 할 사람들이 있다. 그런데
그 전체를 다루려고 하지 않았다. 타이역사는 타이민
족의 역사라고 하지 않고 타이민족국가의 역사라고

여긴 때문이다. 타이 땅에 살고 있는 타이민족이 아닌 다른 민족의 역사는 타이역사에서 제외하듯이, 타이 국가를 이루는 데 동참하지 않은 자기 민족 다른 갈래 의 역사도 타이역사에서 제외한다.

그러면서도 타이민족의 기원을 찾는 것을 긴요한 과제로 삼고, 오늘날의 중국 땅에서 타이민족이 어떻 게 지내왔던가 추적하려고 애썼다. 그런데 자료는 모 두 중국의 역사서이다. 그런 자료를 이용해서 타이민 족의 기원에 관한 연구를 한 사람들은 모두 유럽문명 권의 학자이다. 그 어느 쪽에든 타이인의 기여는 확인 되지 않는다.

타이민족이 중국 땅에서 타이 땅으로 이주하는 과 정이 여러 시대에 걸쳐 계속되는 가운데 가장 큰 사건 이 남조(南詔, Nanchao)의 멸망이라고 했다. 7세기 중국 운남성에 등장한 남조의 지배민족에 관해서는 논란이 있다는 것을 인정하고, 언어나 민족 구성이 타이민족 위주로 이루어졌다고 하기 어렵다고 했다. 그러면서 도 남조의 국왕은 타이민족이므로, 남조는 타이민족 의 나라라고 했으며, 766년의 비문을 들어 국왕의 통 치를 찬양하는 자료로 삼았다. 1253년에 원(元)이 남조

를 침공해서 멸망시키자, 타이민족이 대거 남쪽으로
이주했다고 했다.

타이역사는 또한 타이민족국가가 그 자체의 독자적
인 삶을 이룩해온 고립된 역사이고, 이웃의 다른 민족
또는 다른 민족국가와 함께 이룩해온 공동의 역사는
아니다. 다른 민족국가는 타이민족국가의 경쟁자이기
때문에 논의의 대상이 될 따름이고, 동남아시아 또는
아시아의 문명을 함께 이룩해온 협력자라는 사실은
인정하지 않는다. 국사와 국사의 관계를 타이인의 관
점에서 다루기만 하고, 국사보다 큰 단위의 역사에 문
명사나 세계사가 있다고 생각하지 않는다.

민족국가의 역사인 국사는 정치사의 관점에서 서술
하는 것이 당연하다. 타이국가가 생겨나고 교체되고,
다른 민족국가와의 관계에서 승리하기도 하고 패배하
기도 한 과정을 타이국민의 자부심을 고취하는 방식
으로 다루면 된다. 타이는 지금도 왕국이어서 자랑스
럽다고 하고, 타이 역대 왕조의 뛰어난 국왕이 민족국
가를 대외적으로 확장하고 대내적으로 발전시킨 공적
을 찾아 설명하는 것을 가장 긴요한 과제로 삼는다.
타이 국기 해설에서 시작하고, 지금의 국왕을 찬양하

는 말을 마무리로 삼았다.

그런데 민족국가의 범위를 넘어서 있는 문명권 공유의 문명을 받아들인 사실을 설명할 때에는 민족국가의 역사를 정치사의 관점에서 서술하는 방식이 적절하지 못하다. 문명권 공유의 문화를 외래문화라고 해야 하고, 외래문화는 남의 것이고, 외래문화를 받아들이는 것은 다른 민족에게 굴종되는 떳떳하지 못한 역사라고 하는 관점을 불식하기 어려웠다. 외래문화의 주체적인 수용과 수용한 다음의 독자적인 발전을 들어 그런 굴종을 최소한으로 줄이는 것이 능사이다.

문명의 역사에서 보면, 중국 땅에 있을 때의 타이민족은 동아시아문명 세계의 일원으로서 한문을 공동문어로 하고 한문 경전을 사용하는 대승불교를 신봉하다가, 타이 땅으로 옮겨가서 동남아시아문명에 편입되면서 팔리어를 경전어로 한 소승불교 또는 상좌불교를 받아들인 것이 커다란 변화이다. 그런 변화를 겪으면서 타이역사에서 중세전기가 끝나고 중세후기가 시작되었다. 문명권 소속을 바꾸면서 중세전기에서 중세후기로 나아간 점에서 타이역사는 크게 주목할 만하고, 세계사 이해를 새롭게 하는 데 긴요한 사례를 제공한다.

그런데 타이역사를 국사로만 다루는 협소한 관점에 사로잡혀 있어, 그런 생각을 하지 못한다. 문명권의 소속을 바꾸고 상좌불교를 받아들인 과정을 사실의 차원에서 설명하는 데 그치고, 그 일을 한 제왕의 공적을 평가하기만 했다. 서술의 실상을 알아보기 위해서 몇 대목을 인용해본다.

> (가) 타이인은 인도차이나반도로 이주하자 소승불교를 신봉하는 사람들과 접촉하게 되었다. 대승불교 대신에 소승불교에 대해서 깊은 신앙을 가지고, 브라만교도 받아들였다.(25면)

> (나) 람캄행(Ramkamhaeng)왕이 말레이반도를 돌아볼 때 세일론학파(소승불교)의 순수한 가르침이 이루어지는 도시를 방문하고 그것을 믿게 되었다. 왕이 도와서 일단의 승려가 수도 수코타이에 가서, 란카불교(소승불교)를 정착시켰다. 왕은 세일론에 사자를 파견했다.(25면)

> (다) 돌에 새겨놓은 바에 따르면, 람캄행의 수코타이왕국 통

치는 요컨대 가부장적인 정부의 특징을 가졌으며, 백성
은 행복했다.(24면) 백성을 단합시키고, 민족 독립의 상
징으로 삼는 데 국어가 소중한 구실을 한다는 것을 인식
하고, 왕은 1283년에 타이 문자를 만들었다.(26면)

(가)에서는 변화의 대세에 관해 설명하고, (나)에서
구체적인 사실을 들었다. 국왕의 통치에 대한 총괄적
인 평가를 (다)에서 했는데, 그 근거는 람캄행왕(재위
1279~1300)이 돌에다 새겨놓은 글이다. (가)·(나)·(다)
에서 모두 근거 있는 사실을 들어, 실증적으로 결함이
없는 서술을 했다. 그러나 (가)·(나)·(다)가 어떤 관
계를 가지는지 해명하지 않았다. 그런 내면적인 관계
는 드러나 있지 않으니 말하지 않아야 한다고 하면, 역
사연구를 포기하는 처사이다.

그 임무를 내가 대신 맡아 몇 가지 가능한 논의를
전개해본다. 중세는 보편주의의 시대이나, 중세전기
와 중세후기에서 보편주의를 구현하는 방식이 서로
달랐다. 중세전기에는 문명권 전체의 보편주의를 문
명의 중심지와 대등하게 구현하기 위해서 노력했다.
중세후기에는 문명권 전체의 보편주의를 여러 민족이

각기 독자적으로 구현하기 위해서 경쟁했다.

766년에 한문으로 쓴 남조의 〈덕화비〉(德化碑)가 중세전기의 사고를, 1292년에 타이문자로 써서 타이문자 제정의 취지를 밝힌 비문이 중세후기의 사고를 각기 극명하게 나타내서 서로 좋은 대조를 이룬다. 위의 인용구 (다)에서 말한 "돌에 새겨놓은 바"라고 한 것은 팔리어로 써서, 불교적인 통치의 이상을 제시했다. 1292년의 비문은 타이문자로 썼기 때문에 더욱 소중하고, 그것 또한 문자 제정의 취지와 관련해서 왕의 생애와 치적을 설명한 내용을 지니고 있다.

1292년의 비문은 한국에서 국문을 창제한 취지를 밝힌 〈훈민정음서〉(訓民正音序)와 비슷한데, 150년쯤 먼저 이루어지고, 처음부터 자국 문자로 쓰고, 말이 더 길고 자세하다. 이것을 자세하게 고찰하지 않고 간략하게 언급하기만 한 것은(26면) 적절하지 못하다. 두 가지 자료를 함께 살펴야 중세후기로의 전환에 대한 명확한 이해를 할 수 있는데, 그런 일을 타이에서도 한국에서도 하지 못하고 있다.

타이민족은 중국 땅에서 동남아시아로 이주하면서 한문문명권에서 산스크리트문명권으로 소속을 바꾸면

서 중세전기에서 중세후기로의 이행을 이룩해서, 시
대변화의 경계를 명확하게 이해할 수 있게 하는 최상
의 사례를 제공해서, 세계사 서술에서 널리 이용할 수
있게 한다. 이주를 하고 문명권의 소속을 바꾼 것이
새로운 시대에 들어선 이유는 아니고 계기였다. 그렇
게 하지 않은 다른 민족들도 기본적으로 공통된 전환
을 겪었다. 어디서나 있었던 일이 타이역사에서 특히
선명하게 나타났다.

한문문명권의 여러 민족 또한 대승불교 대신에 신
유학을 지배이념으로 삼았으며, 동남아시아의 다른
나라도 일제히 대승불교를 소승불교로 바꾸었다. 신
유학과 소승불교는 이질적인 이념체계이면서, 공허한
관념을 버리고 현실을 중요시하면서, 통치자가 피치
자를 존중하는 애민 또는 훈민의 사상을 제공하는 점
에서 서로 같았다. 중세후기 사상은 그런 공통점을 다
른 어디에서도 함께 지녔다고 할 수 있다.

그러나 애민의 이상을 내세웠다고 해도 평등한 사
회가 이루어지지 않았음은 물론이다. 타이사회에 귀
족·상민·노비가 나뉘어 있었던 사실을 여기저기 흩
어져 있는 단편적인 언급을 통해서 알 수 있다. 신분

제도에 대해서 정리해 논하는 일은 한 번도 하지 않았
다. 국왕의 통치를 중심으로 정치사를 서술하고, 한국
의 《국조보감》(國朝寶鑑)에서처럼 왕가의 가계, 국왕 등
극의 경위, 국왕의 성품 등에 특별한 의미를 부여해서
사회사와는 거리가 멀다.

　그런데 위에서 든 수코타이왕조의 람캄행대왕, 아
유타야(Ayuthaya)왕조를 재흥시킨 나레수안(Naresuan)대
왕(재위 1590~1605) 다음의 또 한 사람의 대왕, 방콕
에 수도를 둔 현재의 차크리(Chakri)왕조의 출라롱콘
(Chulalongkorn)대왕(재위 1868~1910)의 치적을 설명할 때에
는 노비 해방을 크게 다루었다. 그 대목 앞뒤에서 한
말을 들어본다.

　　백성을 사회적으로 고무시키는 과정에서, 출라롱콘은 노
비를 결코 잊지 않았다. 왕위에 오른 초기에, 자신이 다스리
는 나라에서 노비가 결국 없어져야 한다고 결정해서, 자기
나라에 태어난 모든 사람은 자유로워야 한다는 칙령을 반포
했다. … 왕은 계속해서 많은 노비를 줄여나가다가, 1905년
에는 노비제도를 폐지하는 법을 내놓았다. 그래서 타이 국민
은 투쟁하지 않고서 자유를 얻었다. (126면)

노비가 해방을 이룩하려고 투쟁하지 않는데, 국왕이 어느 시기에 갑자기 노비 해방을 선언하는 혜택을 베풀었다는 이런 방식의 설명은 납득하기 어렵고, 타이가 훌륭한 나라라고 자랑하는 데 도움이 되지 않는다. 타이는 국왕은 위대하지만 국민은 못난 나라라고 하는 것 외에 다른 결론을 가져오지 못한다. 국민은 못났다고 하는 증거에 국사를 서술하는 학자의 안목 부족도 포함된다.

국왕의 처사는 중세의 신분제를 폐지하고 근대의 평등사회를 이룩하는 당연한 전환의 일단이다. 그 비슷한 일이 아시아의 다른 나라에서도 일어났으므로 서로 비교해서 이해해야 한다. 신분제의 문제는 위에 귀족이 있고, 아래에 노비가 있는 것인데, 그 가운데 노비 해방은 1860년 이후 일본의 명치유신에서도, 1894년 한국의 갑오경장에서도 선포했으므로, 1905년 타이에서 홀로 훌륭한 일을 한 것은 아니다. 법을 제정해서 선포한 노비 해방이 실제로 어떻게 이루어졌는지 비교하는 것이 긴요한 과제이다.

귀족을 없애는 것은 더욱 어려운 일이다. 한국의 갑오경장에서는 양반과 상민의 구분을 철폐했는데, 타이에서는 그렇게 하지 않았으며, 일본에서는 귀족제도를 재확립한 점이 서로 다르다. 노비뿐만 아니라 귀족 또한 법제적으로 없애는 것과 실제로 없어지는 것이 일치하지 않으므로 사회경제적인 측면에서의 비교론을 전개하는 데 이르러야 하는데, 타이뿐만 아니라 다른 어느 나라의 국사학도 거기까지 나아가지 못했다.

3. 월남사

《월남사》의 저자 응우옌 칵 비엔은 누구라고 소개되어 있지 않다. 책의 차례를 들면 다음과 같다.[2] 책

---

2) Première partie. Le Vietnam traditionel, Chapitre I. Les origines de l'âge de la pierre à l'âge du bronze, Chapitre II. La longue Marche vers l'indépendance, Chapitre III. L'Etat féodal centralisé − Les dynasties Ly et Tran, Chapitre IV. Une nouvelle étape de la monarchie féodale, La dynastie de des Le(XVe~XVIe siècles), Chapitre V. L'époque des Tay Son(XVIII siècles), Chapitre VI. Panorama historique des Etats de la péninsule indochine, Chapitre VII. L'évolution culturelle du XVIIIe jusqu'au début du XIXe siècle, Deuxième partie. Le Vietnam contemporain, Chapitre I. La perte de l'indépendance, Chapitre II. L'établissement du régime colonial(1897~1918), Chapitre III. Transformation des structures de la societé vietnamienne et les nouvelles formes du mouvement national, Chapitre IV. Transformations économiques et premiers jalons de la révolution nationale et démocratique(1919~1929), Chapitre V. De la crise économique à la Seconde Guerre mondiale, Chapitre VI. Le Vietnam pendant la Seconde Guerre mondiale, La Révolution d'Aôut (1939~1945), Chapitre VII. La fondation de la République démocratique du Vietnam(1945~1946), Chapitre VIII. La prière régistance(1945~1954), Chapitre IX. L'édification des premières bases du socialisme et la lutte contre le néo-colonialisme américain(1954~1973), Chapitre X. L'éffondrement du régime néo-colonial(1973~1975)

뒤에 있는 출판사의 광고에서, 월남의 역사, 지리, 경제, 문명, 문학, 예술, 민속 등에 관한 기본적인 자료를 제공해주는 저작이라고 했다. 이 책은 외국어로 책을 내는 국립출판사의 출판물이다. 월남을 외국에 알리는 데 최상의 서적이라고 생각하는 것만 내놓는 곳이다. 지금 월남에서 내놓을 수 있는 최상의 월남사라고 보아도 잘못이 없다.

서문도 참고문헌도 없고, 주도 달지 않았다. 그래서 기존의 논저와 어떤 관계를 가지는지 확인할 수 없다. 구석기시대에 관한 서술에서 시작하고, 1975년에 남북통일을 이룬 데서 끝을 냈다. 그러면서 "오랜 역사"(une longue histoire)라는 부제를 달았다. 월남의 오랜 역사를 월남민족의 주체적인 관점에서 서술하겠다는 것이 기본 관점임을 어렵지 않게 알아낼 수 있다.

서두에서 다룬 구석기시대에서 청동기시대까지의 문화는 월남민족이 이주하기 전의 선주민이 이룬 것이다. 《타이사》에서 타이민족이 이주하기 전의 선주민 문화는 전혀 다루지 않은 것과 다른 방식으로 월남역사를 서술했다. 구석기에서 신석기시대까지 문화는 오스트랄로-네그로이드(australo-négroïde) 인종이, 그 다음 단계의 청동기시대 문화는 말레이-폴리네시아 (malayo-polinésien) 인종이 이룩했다 하고, 북쪽에서 이주한 몽고인종(mongoloïde)이 그런 선주민과 혼혈되어 월남인이 형성되었다고 했다.

문헌 기록에 명확하게 나타나 있는 것도 아닌데, 고고학에서 얻을 수 있는 증거를 적극 활용해서 월남인이 단일민족이 아니고 혼합민족이라고 한 것은 주목할 만한 일이다. 국사 서술에서는 드물게 찾을 수 있는 선진적이고 개방적인 자세를 보여주었다. 타이나 한국에서도 그렇게 하지 못하고 있다.

그런데 월남민족으로 혼합되고 동화되지 못한 소수민족에 관한 사항을 다룰 때에는 그렇지 못하다. 소수민족의 존재는 인정하면서, 그 구실이나 기여는 평가하지 않았다. 모든 민족이 각기 그 나름대로 독자적인 역사를 이룩해와서, 월남역사란 그 모든 역사의 복합임을 인정하지 않았다. 11세기에서 14세기까지 역사를 다룰 때 〈소수민족의 문제〉(Le problème des minorités ethniques)를 한 번 거론하고 그런 항목을 다시 두지 않았다. 월남문학의 형성에 관해서 말할 때, 월남민족에게는 없는 신화적인 내용의 서사시를 소수민족은 갖추고 있다고 해서 보완책을 삼으려고 하지도 않았다.

주변의 다른 민족과의 관계를 다룬 항목에서, 오늘날의 중부 월남에 자리 잡고 있으면서 월남과 오랫동안 싸운 참파(Champa, 占城)국과의 관계를 그대로 서술하려고 노력한 것은 인정할 만하다. 그러나 월남인의 관점을 버릴 수 없고, 참파인의 관점은 무시했다. 오늘날 참파인이 소수민족으로 살아가면서 자기네 역사를 독자적으로 이해하고 서술하는 작업을 하고, 그 성과를 월남인의 역사 이해와 합쳐 월남 국사를 마련해야 한다는 생각은 하지 않고 있다.

민족국가 상실자는 민족국가의 역사인 국사를 서술할 수 없고, 국사가 아닌 역사는 설 자리가 없다고 하는 것이 월남뿐만 아니라 다른 나라에서도 일제히 확인되는 국사의 기본 강령이다. 패배한 자는 말이 없어야 한다고 한다. 월남인이 중국, 프랑스, 미국의 침략에 맞서서 항전한 것은 승리를 거두었으니 자랑스럽다. 만약 패배했다면 침묵해야 하는가? 수난, 항전, 승리 가운데 승리만 값진가? 이런 의문이 끊임없이 제기되게 한다.

1954년에서 1973년까지 전개된 월남과 미국의 전

쟁에 관해서 책 전체의 4분의 1이 넘는 분량을 배정해 자세하게 다루었다. 그 내용이 궁금해서도 이 책을 읽게 한다. 미국의 침략을 월남민족이 격퇴해 주권을 지키고 통일을 이룩한 것이 자랑스럽다고 강조해서 말하는 데 동의하게 한다.

그렇지만 월남전이 진행되는 동안에 중국이 월남을 배신했다고 하면서 중국을 미국 못지않게 비난했다. 이 책에서 다루는 범위를 넘어서는 일이지만, 중국과 월남의 충돌, 월남군의 캄보디아 침공 등에 관해서도 월남의 입장을 일방적으로 옹호한다면, 월남이 피해자가 되었기 때문에 확보한 정당성이 적지 않게 훼손되지 않을 수 없다. 월남인의 월남국사서는 자기 민족을 옹호하기만 하는 배타적인 관점을 갖추어도 되지만, 세계 모든 사람이 함께 읽는 월남역사서는 진실을 진실대로 밝히면서 민족 대립을 넘어선 화해의 논리를 마련하는 데까지 이르러야 한다.

민족화해의 논리를 마련하는 과제는 역사의 전 기간 동안 줄곧 제기되어왔다. 동아시아 공동의 한문문화가 월남에 어떤 도움이 되었는가, 한문문화 재창조에 월남이 어떤 기여를 했는가 하는 데 대해서 정당하

게 고찰하면 자기 민족을 일방적으로 옹호하는 좁은
관점에서 벗어나는 첫째 과업을 이룩할 수 있다.

그런데 그렇게 하지 못했다. 동아시아 공동의 문화
를 중국문화라고 하고, 중국문화를 가져와서 월남문
화를 만든 과정만 말한다. 중국과 월남이, 또한 동아
시아 다른 민족이 공동의 문화를 창조하는 작업을 함
께 한 것을 무시하려고 했다. 그 때문에 차질이 생긴
것이 문면에 드러난다. 월남민족과 소수민족의 관계
에 관해 말한 것까지 함께 들어 검토하면, 국사 서술
의 근본적인 모순이 드러난다.

중국의 통치를 받는 동안, 중국과 월남의 관계에 대
해서 다음과 같이 말했다.

> 한편으로는 경제적인 착취를 하는 통치와 문화적인 동화
> 가 있었고, 다른 한편으로는 외래 침략자에 대한 무장봉기로
> 점철된 끈덕진 저항이 있었다. 그 저항이 여러 세기를 거친
> 다음에, 월남민족의 자부심을 간직하고, 민족의식을 일으키
> 고, 독립국을 창건하도록 하는 데 이르렀다. 민족문화가 독
> 창성을 온전하게 간직하고서 모든 영역에 걸쳐 중국문화의
> 여러 요소를 동화시켰다.(23~24면)

  월남민족과 소수민족의 관계에 대해서는 다음과 같
이 말했다.

> 월남의 다수민족과 소수민족 사이의 역사적 관계에서는
> 동화와 대립이 동시에 나타났다. 한편으로는 삼각주와 고지
> 대는 경제적인 면에서 상보적이고, 서로 없어서는 안 될 관
> 계를 가졌다. 또한 외래 침략자를 함께 방어할 필요가 있어
> 아주 가까운 사이가 되었다. 그래서 여러 민족이 차츰 단일
> 국민으로 용해되어갔다. 다른 한편으로는, 봉건월남, 특히
> 전제왕조와 그 관리들은 소수민족 출신의 국민을 수탈하고
> 억압하려고 해서, 반란이 자주 일어나고, 원정과 처벌이 뒤
> 따랐다.(47면)

  중국인과 월남인, 월남인과 월남의 소수민족 사이
에 양쪽 다 (가) 동화, (나) 투쟁의 양면이 있었던 것
은 동일하다. 그런데 양쪽의 (가)와 (나)에 대해서 상
반된 평가를 했다. 중국인이 월남을 동화시킨 것은 부
정적으로, 월남인이 중국인과 투쟁한 것은 긍정적으
로 평가했다. 이와 달리 월남인이 소수민족을 동화시
킨 것은 긍정적으로, 소수민족이 월남인과 투쟁한 것

은 부정적으로 평가했다. 이처럼 상반된 평가를 하는 이유는 월남인은 중국인의 지배로부터 독립하는 것이 정당하고, 소수민족은 월남인에게 동화되는 것이 정당하다고 보기 때문이다.

　민족끼리의 동화와 투쟁에 관해 그처럼 상반된 평가를 한 이유가 무엇인가? 논자가 스스로 밝히지 않았으므로 추정해보기로 한다. 추정 가능한 이유는 다음 넷이다.

　　(가) 월남인이 월남역사를 자기네 관점에서 자기네에게 유리하게 서술했기 때문에 그렇게 되었다.

　　(나) 월남은 독립을 하고 소수민족은 독립을 하지 못한 결과가 정당성을 평가하는 근거이기 때문이다.

　　(다) 민족국가를 형성하고 성장시키는 것이 역사발전의 당연한 결과이므로, 민족국가를 이룰 수 있는 월남인은 독립하는 것이 정당하고, 민족국가를 이룩할 자격을 갖추지 못한 소수민족은 월남인에게 동화되는 것이 정당하다.

(라) 원시사회에서 노예제사회로, 노예제사회에서 봉건사회
　　 로 발전하는 과정을 월남인은 스스로 성취할 수 있으므
　　 로 독립해야 하고, 소수민족은 스스로 성취할 수 없으므
　　 로 독립할 수 없다.

(가)가 이유라면, 중국인은 중국인의 관점에 서서
월남의 독립은 불행이었고, 소수민족은 소수민족의
관점에 서서 소수민족의 독립 상실은 불행이었다고
하는 역사를 서술하는 것이 정당하다. 모든 소수민족
이 각기 자기네의 독립은 정당하다고 할 수 있다. 그
렇게 되면 다른 쪽에서도 그쪽의 관점에서 일방적인
역사를 서술하는 것을 물리적인 힘으로 막을 수는 있
어도 논리적으로 공박할 수는 없다. 역사 서술이 학문
하는 작업이 아니고, 물리적인 힘을 발휘할 수 있게
하는 구실 제공에 지나지 않는다.

(나)가 이유라면, 역사 서술이란 언제나 승리자의
편에서 승리를 합리화하는 구실이나 한다. 패배자를
옹호하는 역사 서술은 사실판단과 가치판단을 분리시
키는 과오를 저지르거나 실현 가능하지 않은 가정을
논거로 삼기 때문에 논리적으로 부당하다고 하게 된

다. 그런 이론을 거창하게 전개하면서 역사가는 집권자의 하수인 노릇을 하면서, 한 번 이루어진 승리에 대해 앞으로 있을 수 있는 도전을 막는다. 승패가 뒤집어질 수는 없다고 해서 역사는 변한다는 것을 부인하고, 스스로 예찬하고 있는 승리 또한 한때의 패배를 뒤집어엎은 결과임을 부인한다. 명나라가 월남을 강점해서 통치할 때 독립을 위한 항전을 시작한 여리(黎利, Le Loy, 레 러이)나 완채(阮鷹, Nguyen Trai, 응우엔 짜이)는 어리석었다고 하지 않을 수 없게 된다.

　(다)가 이유라면, 민족국가를 만들어낸 것이 역사발전의 최종결과이므로, 인류 역사는 거기서 멈추어야 한다. 민족국가에 민족과 국가 사이의 모순이 있어 언제나 유동적이고 불안한 사정은, 민족이 부인되고 국가가 긍정되어, 민족국가가 해체되지 않고 강화되는 방향으로 해결해야 한다. 그렇다면 민족국가가 과거의 다른 국가보다 우월하다는 근거를 민족의 국가이기 때문이라고 하는 것을 스스로 부인해야 한다. 과거의 다른 국가는 모두 해체되었으나 민족국가는 영원하리라고 할 수 있는 근거가 없어진다.

　(라)가 이유라면, 월남이 중국 한나라 통치에 힘입

어 봉건사회로 이행했다고 하면서 "한나라의 정복과 더불어 월남사회는 차차 봉건사회로 바뀌었다"(29면)고 지적한 사실을 무시하는 잘못을 저지른다. 월남이 중국의 일부로 남아 있었더라면 봉건사회로의 이행과 봉건사회의 발전을 이룩하는 데 유리했을 것이다. 월남이 또한 프랑스 식민지가 되어 자본주의 사회로 발전한 것을 평가해야 하고, 독립전쟁을 하느라고 자본주의 발전을 스스로 저해하여, 지금도 산업화가 부진한 형편을 나무라야 한다.

(가)는 단순소박한 일차원적 민족주의이고, 고대자기중심주의 수준에 머무르는 사고이다. (나)는 민족의 지도자라는 이유를 들어 집권자를 칭송하고, 현재의 통치 행위를 합리화하는 수준의 어용사관이다. 타이의 국사에서는 이 두 가지 관점이 뚜렷하게 나타나 있고, 다른 생각은 별반 나타나지 않는다. (다)는 제1세계 자본주의 사회 시민계급의 역사관이다. 헤겔이 정립한 역사철학이 그 수준에 머무른다. (라)는 제2세계 사회주의권의 역사관이고, 마르크스주의를 그 논거로 하고 있다.

그런데 마르크스가 말한 세계사의 단일한 발전의

법칙만 말해서는 민족국가 또는 민족의 주체성은 말할 수 없기 때문에 (가)에서 (다)까지도 어느 정도 가미해서 절충을 했다. 월남의 국사에서는 표면에 내세우지는 않았으나 (라)를 기본으로 하고 다른 세 가지 관점도 가미한 그런 절충론으로 국사를 서술했다. 그러나 월남사 이해의 가장 중요한 문제점은 해명하지 못했다.

명나라가 월남을 강점해서 통치하던 시기의 시련을 다음과 같이 서술했다.

> 월남인은 중국의 의복, 풍속, 도덕을 받아들이도록 강요받았다. 명나라 군대는 민족문화의 유산을 파괴하고, 민족적 특색이 뚜렷한 책은 태우거나 가져가려고 했다. 그것은 진정으로 문화의 파국이었다. 15세기 이전의 문학작품이 거의 다 파괴되었다.(81면)

그래서 명나라에 대한 항전을 일으키고, 독립을 쟁취한 것은 당연한 일이다. 그러면 독립 후의 월남문화는 어떻게 전개되었는가? 중국문화는 물리치고 월남 고유의 문화만 발전시키고, 한문학은 버리고 월남어

문학만 육성했는가? 그렇지는 않았다. 그 다음의 상황을 여러 장에 걸쳐서 서술한 각 단락의 첫 문장 또는 가장 긴요한 대목을 차례대로 옮겨보자.

(가) 주희(朱熹)가 주해한 유교경전으로 과거를 보게 되었다.(92면)

(나) 유교가 국왕의 권위와 신분의 구분을 근거로 한 통치체제를 위해 아주 유용한 구실을 했다.(93면)

(다) 국가 통치를 위한 유교와 사람의 도리를 찾는 유교가 나뉘어 있었다.(93~94면)

(라) 유교 정신을 갖춘 문학을 국왕이 주도해서 일으켰다.(98면)

(마) 역사서 편찬이 여럿 이루어졌다.(98면)

(바) 은거해서 심성의 도리를 닦는 문학도 일어났다.(99면)

(사) 한문학과 월남어문학이 병행해서 발전했다.(100면)

이 가운데 (가)·(나)·(다)·(라)·(마)는 신유학을 이념으로 하는 새로운 시대가 시작되었다는 말이다. (마)·(사)는 민족문화에 대한 자각이 일어났다는 말이다. 명나라의 통치를 물리쳐 독립을 이룩하고서 민족정신을 드높이려고 하지 않고, 중국의 유교를 국가

이념으로 삼고, 중국문학인 한문학을 버리지 못한 것
이 잘못이라고 나무란다면, 역사를 이해하지 못하는
단견이라고 하지 않을 수 없다. 민족문화에 대한 자각
이 일어난 (마)·(사)의 사항에 관해서만 긍정적 평가
를 하는 것은 부당하다. 신유학의 등장과 민족문화 자
각은 동일 현상의 양면이다. (가)에서 (사)까지는 중
세후기가 시작된 증거이다. 그 점에서 한국과 동일하
고 타이와 다르지 않다.

　중세후기는 중세보편주의를 문명권의 변두리에서
독자적으로 이룩하고자 하는 시대였다. 명나라의 침
공과 지배, 그리고 동화정책은 중세보편주의의 독자
적인 구현을 방해하는 처사였으며, 월남이 중세후기
로 나아가지 못하게 막는 횡포였다. 거기 대항해서 싸
우기 위해 중세보편주의를 중국 것이라고 해서 배격
해야 하는 것은 아니다. 그렇게 해서 자기 역량을 스
스로 약화시켜서는 이길 수 없다. 중세보편주의를 중
국에 맡겨두지 않고 독자적으로 구현해서 그 가치를
더욱 높이는 것이 중국과 맞서서 월남민족사를 발전
시키는 유일한 방안이었다.

　월남인이 중세보편주의 구현에 제대로 참여하지 못

했다면 중국의 지배를 받는 소수민족으로 전락할 수밖에 없었다. 중세보편주의를 독자적으로 구현하지 않고 중국의 전례를 그대로 따르기만 했다면 중국에 동화되어 결국 중국인이 되고 말았을 것이다. 그 둘을 다 배격하고 중세보편주의를 민족 고유의 문화와 융합해서 독자적으로 구현했기 때문에, 월남인은 중국의 침공을 물리칠 수 있는 역량을 갖추고, 민족사를 바람직하게 이끌 수 있었다. 그런데 《월남사》 서술에서는 이런 사실에 관한 이해를 찾아볼 수 없다.

중세보편주의의 독자적인 구현은 월남·한국·일본에서도 나라마다 특수한 사정이 있으면서도 또한 공통되게 이루어졌다. 다른 문명권의 여러 나라에서도 그것과 기본적으로 동일한 양상을 확인할 수 있다. 그러한 사실을 비교해서 검토하고 종합적으로 고찰해서 새로운 역사관을 정립해야 한다. 여기서 나의 견해를 제시해야 논의를 진전시킬 수 있다.

새로운 역사관을 정립하기 위해서는 먼저 문명권문명과 민족문화를 구분하는 것이 긴요하다. 모든 민족은 민족문화를 가지고 또한 문명권문명에 동참한다. 문명권문명은 세계종교 및 공동문어 두 가지로 구성

된다. 세계종교의 신앙·철학·정치이념이 보편주의의 내용이 되고, 공동문어가 보편주의를 표현하고 전달하는 방법이다.

문명권문명과 민족문화를 함께 지닌 점에서 타이·월남·한국인뿐만 아니라 중국인도, 월남 안의 여러 소수민족도 마찬가지이다. 어느 문명권에 소속되는가를 가려 민족의 친연관계를 밝힐 수 있다. 시대에 따른 변화가 문명권 전체에서 일제히 일어나기도 하고, 시대가 바뀌면서 문명권 소속이 달라진 민족도 있다. 그런 사실을 두루 파악해 커다란 역사지도를 그려야, 개별 민족사의 위치를 알아낼 수 있다.

월남의 소수민족이 되고 만 참파인은 이웃의 크메르·캄보디아·타이·버마인과 함께 남아시아문명권에 속했다. 중세전기에는 힌두교·대승불교-산스크리트문명을 누리다가, 중세후기에 이르러서는 그것을 상좌불교-팔리어문명으로 바꾸었다. 타이인은 중세전기까지 동아시아문명의 일원이었다가, 인도지나반도로 이주한 다음 중세후기에는 상좌불교-팔리어문명으로 소속을 옮겼다. 월남은 중국·한국·일본과 함께 동아시아의 유교·대승불교-한문문명의 일원이

었다. 중세후기에 이르러서는, 신유학으로 바뀐 유교
가 불교를 약화시키는 변화를 함께 겪었다.

문명권문명을 자기 민족문화와 융합시키면서 문명
권문명을 재창조하는 작업과 민족문화를 혁신하는 작
업을 함께 하는 것이 역사발전의 핵심 과제이다. 문
명권문명을 그 자체로 숭상하고 민족문화와 결합되지
못하게 하는 것은 퇴보이다. 명나라가 월남에게 그런
부당한 요구를 했기 때문에 거부해야 했다.

월남은 문명권문명과 민족문화를 융합하는 모범사
례를 이룩할 수 있어, 명나라의 침공을 물리치고 민족
사를 빛냈다. 명나라에 대한 항전을 주도한 완채가 그
일을 훌륭하게 해낸 성과를, 문학작품에서 분명하게
확인할 수 있다. 완채는 한자를 이용한 월남어시(詩)인
국음시(國音詩)를 한시와 대등한 수준으로 창작하고, 한
시 작품에서도 민족의식을 고취했다. 중국의 침공을
물리치고 월남의 독립을 되찾은 사실을 천하에 널리
알린 〈평오대고〉(平吳大誥)의 한문이 대단한 명문이다.

〈위대한 인물 완채〉(Le grand figure Nguyen Trai)라는 항
목을 두어 항전 투쟁과 문학 창작을 함께 고찰하고
(94~96면), 〈평오대고〉 전문을 번역해서 실은 것은 당

연하다.(102~108면) 완채는 자랑할 만하다. 그러나 자랑하는 이유나 관점이 문제이다. 완채의 애국주의를 평가하기만 하고, 그 이상의 생각은 하지 않았다. 한문을 사용해 민족의 주체성을 선양한 것이 문명의 공동유산을 독자적으로 발전시키는 길을 연 점에서, 동아시아뿐만 아니라 세계적인 범위에서 시대 전환을 말해주는 의의를 가진다고 여기지 않았다.

애국주의에 매몰되어 생각을 좁게 하는 것이 국사 서술에서는 어쩔 수 없다고 이해하고 넘어갈 수는 없다. 애국주의 국사는 보편적 논리가 결여된 자기중심의 사고방식을 이념으로 굳히는 작용을 한다. 월남이 중국의 침공을 물리친 것은 너무나도 당연하고 자랑스럽다고 하면서, 월남 소수민족의 처지는 생각하지 않았다. 중국이 월남을 압박한 것과 같은 방식으로 월남은 소수민족들에게 피해를 끼친다는 사실은 인식하지도 인정하지도 않는다. 국사는 어디서나 이런 횡포를 공통되게 저지른다.

소수민족들의 처지를 알아보고 동정하고 옹호하면 국사의 잘못을 시정할 수 있는 것은 아니다. 국사의 잘못을 시정하려면 역사관을 혁신해야 한다. 완채를 세계사의 관점에서 평가하는 것 같은 보편적인 역사 이해를 다른 국면에 관해서도 일관성 있게 해야 한다. 지배민족과 소수민족의 간격이 왜 벌어지는지 밝히는 작업을 특정 국가의 범위를 넘어서서 넓은 시야를 가지고 하는 것이 국사를 넘어서는 새로운 역사연구의 과제이다.

지배민족과 소수민족은 체력, 인구, 거주지 등의 차이로 처지가 달라진 것은 아니다. 어떤 민족이든 자기네 민족문화만 지키고 문명권문명을 받아들여 둘을 결합시키지 못하면 역사 발전에서 뒤떨어져 소수민족의 신세가 되고 만다는 것을 나는 밝혀냈다. 월남이나 중국의 소수민족 대부분, 일본의 아이누인은 이런 연유가 있어 어려움을 겪고 있다. 우리도 줄곧 단군 시대에 머물렀더라면 같은 운명이 되었을 것이다.

문명권문명을 받아들여 민족문화와 결합시키는 한 단계의 과업을 잘했다 하더라도, 문명권문명을 쇄신하고 민족문화와의 결합을 새롭게 하는 다음 단계의 과업을 소홀하게 하면 다른 민족과의 경쟁에서 패배해서 소수민족이 될 수 있다. 타이의 선주민 몬족이나 중부 월남의 참파민족은 중세전기 문명을 훌륭하

게 이룩했는데, 수준 낮은 침입자와의 싸움에서 패배
했다. 그 이유는 중세후기로의 전환을 제대로 하지 못
했기 때문이라고 생각한다.

새로 나타난 야만인은 중세후기로 쉽사리 들어서
는데 오랜 역사와 빛나는 전통을 가진 선주민은 과거
의 무게 때문에 중세전기에 머무르다가 큰 타격을 받
았다. 몬족이나 참파족뿐만 아니라, 중세전기에 인도
지나반도를 뒤흔들던 크메르제국의 위광을 지닌 크메
르인이 타이인과 월남인 사이에 끼어 힘을 쓰지 못하
는 것도 같은 현상이다. 인도지나반도 전체의 역사가
이렇게 전개되고, 중세전기에서 중세후기로의 이행이
아시아사 또는 세계사에서 이렇게 전개된 것을 알아
야 한 나라 역사의 의문도 풀 수 있다. 한 나라 역사
만 다루는 국사학은 학문이라고 할 수 없다.

누구는 지배민족이 되고 누구는 소수민족이 된 이유
를 이렇게 말하고 마는 것은 결과를 합리화하고 오늘
날의 강자에게 봉사하는 사학이라고 비난받아 마땅하
다. 그러므로 거기서 더 나아가 승리와 패배의 표면과
이면의 관계를 말해야 한다. 정치적인 승패와 문화적
인 승패의 관계, 한 시대의 승패와 다른 시대의 승패의

관계를 말해야 새로운 역사철학의 전모가 드러난다.

《월남사》는 줄곧 민중의 관점에 서고 있다. 월남민족의 주체는 민중이다. 지배계급은 민중에 근접해서 민중과 힘을 합칠 때 큰 힘을 발휘할 수 있었다. 외래 침략을 물리치고 월남의 독립을 지킨 모든 위대한 투쟁은 그렇게 해서 승리를 거둘 수 있었다. 이것이 책 전체를 관류하는 기본적인 주장이다.

그렇다고 해서 월남사회의 계급 구성을 시대마다 분명하게 밝혀 민중이 누구이며 어떤 위치에 있었는지 납득할 수 있게 설명한 것은 아니다. 다만 한 번 〈이조(李朝)와 진조(陳朝)의 사회생활〉(La vie sociale sous les Ly et les Tran)이라고 한 대목에서 계급 구성의 실상을 다루었다. 특권지배계급에 대해서 더 길게 말하고, 소작농민, 상인, 자작농민, 수공업자, 공사의 노비로 이루어진 민중이 사회생활에서 많은 제약을 겪어야 했다고 했다.(44면) 그렇다면 민중의 힘은 어디서 나오는가 의문이다.

계급 구성에 대해서 다시 설명한 대목은 프랑스 식민지시대의 〈봉건영주와 농민〉(Féodaux et paysans)에 관한 서술에서 찾을 수 있다.(235~239면) '봉건영주'란 실제로 지주를 말한다. 전인구의 3~5퍼센트에 지나지 않은 지주가 농경지의 50퍼센트 가까이를 차지하고, 50퍼센트에 이르는 소작료를 요구해서, 전인구의 90퍼센트가 넘는 농민은 빈곤에 시달렸다고 했다. 그런데 식민지 통치자는 지주를 옹호하고 농민을 괴롭혔으므로, 농민이 혁명세력이 되지 않을 수 없었다고 했다.

이처럼 통계 숫자까지 들어 말한 것은 특기할 만한 일이다. 농민의 궁핍화를 설명하는 다른 자료도 설득력이 있다. 그러나 중세의 특권지배계급과 피지배계급 사이의 신분적인 관계가 어떻게 변천해서 지주와 소작인 사이의 경제적인 관계로 바뀌었는지 해명하지 않았다. 식민지 통치자가 봉건영주를 옹호했다는 막연한 설명으로 사회모순의 실상이 제대로 드러나지 않는다.

더구나 민중은 시달리면 일어난다고 하는 일반론으로 역사를 설명하는 것은 미흡하다. 계급해방이 아닌 민족해방을 이룩하는 데 민중이 주동적인 구실을 해왔다는 월남역사의 오랜 과정을 그런 단순 논리로 설명할 수 없다. 민중과 지식인의 연합을 해명해야 문제가 해결되는데, 그 점에 관해서는 당위론만 있고 실제

작업의 방법은 마련되어 있지 않다. 마르크스주의의 계급투쟁 사관으로 민족사를 쓰려고 하니 그런 근본적인 차질이 있다.

지식인과 민중이 어떻게 연합했던가 하는 문제를 정치투쟁에 관한 논의에서는 해명하지 못하고, 문학을 거론할 때 고찰할 수 있었다. 완유(阮攸, Nguyen Du, 응우엔 주)의《금운교》(金雲翹)를 고찰한 대목은(167~171면) 그 점에서 특히 주목할 만하다. 완유는 서산(西山)운동의 민중 항거를 억압하고 들어선 왕조에서 본의 아니게 벼슬살이를 하면서, 고도의 문학적 수련으로 민중의 삶을 직접 나타내는 표현과 함께 사용해, 상이한 문체를 결합한 작품을 썼다.

동아시아문명과 월남민족문화가 서로 배타적인 관계를 가지지 않고 바람직하게 융합되게 해서 월남역사가 주체적으로 발전할 수 있었던 사실을, 응우엔 주의 문학활동을 통해서 검증할 수 있다. 지식인과 민중의 유대를 파악하는 데《금운교》가 최상의 증거를 제공한다. 문학작품을 기본 자료로 삼고, 문학사에서 출발해서 총체적인 역사의 이해를 시도하는 것이 바람직한 방법임을 월남역사에서 분명하게 확인할 수 있다.

그런데《월남사》에서도 정치사를 역사 이해의 근간
으로 삼고, 문학사는 그 부수영역이라고 여기기만 했
다. 외래문명과 월남문화, 지배층과 민중 사이의 관
계를 대립과 투쟁으로 보는 데 치우치는 정치사의 잘
못을 문학사에서 시정해줄 수 있다는 것을 모르고, 그
둘을 함께 파악하는 총괄적인 이론을 마련하려고 하
지 않았다. 그 길로 나아가면서 역사철학을 쇄신하는
작업은 국사를 넘어서는 국사를 하는 것과 함께 해야
한다.

4. 한국사

《한국사》[3]의 저자 이기백은 한국 국사학계를 대표
할 수 있는 학자였다. 한국사 개설서를 낸 사람들이
그 전에도 있고, 같은 시기에도 있지만, 이 책만큼 널

3) 책의 차례를 들면 다음과 같다. 序章 韓國史의 새로운 이해, 제1장 原始共
同體의 社會, 제2장 城邑國家와 聯盟王國, 제3장 中央集權的 貴族國家의 발
전, 제4장 專制王權의 성립, 제5장 豪族의 時代, 제6장 門閥貴族의 社會,
제7장 武人政權, 제8장 新興士大夫의 등장, 제9장 兩班社會의 성립, 제10장
士林勢力의 등장, 제11장 廣作農民과 都賈商人의 성장, 제12장 中人層의 대
두와 農民의 반란, 제13장 開化勢力의 성장, 제14장 民族國家의 胎動과 帝
國主義의 侵略, 제15장 民族運動의 발전, 제16장 民主主義의 성장, 終章 韓
國史의 발전과 支配勢力

리 읽히고, 높이 평가된 것이 더 없었다. 한국이 일본의 식민지통치에서 해방되어, 식민지주의 사관에서 벗어나 민족사의 전개를 주체적으로 이해한 성과를 이 책에서 가장 잘 집약하고 있기 때문이다.

책을 처음 낸 것은 1961년의 일이다. 지금 이용하는 것은 1990년의 수정본이다. 그동안 저자는 수정하고 보완하는 작업을 꾸준히 해왔다. 참고문헌을 충실하게 갖춘 것도 커다란 장점이다. 유럽문명권의 연구, 일본인의 연구도 있는 대로 제시했다. 연구성과를 널리 받아들여 자기 관점에서 정리하고자 했다. 극단적인 견해를 배제하고 온건한 타협을 하고자 했다. 특별한 사관을 내세우지 않고, 절충적인 태도를 취하겠다고 했다.

〈한국사의 새로운 이해〉라는 서장에서는, 식민주의 사관을 청산하고, 민족주의사관·사회경제사관·실증사학이 각기 지닌 의의를 인정하고 받아들이겠다고 했다. 인간 중심의 역사 이해를 하겠다는 것이 저자의 대안인데, 사학의 이론으로 다듬어지지 않은 소박한 주장에 머물렀다. 보편성과 특수성을 함께 파악하고자 했으나, 시대구분의 실제 작업에서 유럽사의 기

준을 따르지 않겠다고 했을 따름이고, 한국사를 아시
아 이웃의 역사와 함께 다루는 비교사학의 관점을 갖
추지 않았다.

타이의 왕조사학, 월남의 인민공화국사학, 한국의
민주공화국사학은 서로 성격이 다르다. 위대한 역사
를 창조해온 주체가 타이에서는 국왕이고, 월남에서
는 인민이고, 한국에서는 민족 전체라고 한다. 타이에
서는 우파의 견해를, 월남에서는 좌파의 견해를, 한국
에서는 중간파의 노선을 택하고 있다고 할 수 있다.

한국에서도 왕조시대에는 타이국사와 같은 관점을
지녔다. 북한에서는 월남에서와 같은 인민의 역사를
서술하고, 남한에서도 그렇게 해야 한다고 주장하는
사람들이 있다. 인민의 역사를 서술한다 하고서 수령
의 지도를 크게 존중하는 점은 타이역사의 서술 방식
과 상통한다. 그러나 그런 차이가 있으면서도, 국사는
공통점을 가진다. 어떤 국사이든 국사는 국사이어서,
국사 일반의 문제점을 공유하고 있다.

한국사의 경계가 언제나 분명했다고 생각하는 한국
국사학계의 견해를 이 책에서 잘 나타냈다. 그래서 국
경 개념을 소급해서 올리는 관례를 따랐다. 한국사를

동아시아사에서 엄격하게 분리해내고, 한국사와 다른 나라 역사의 공유지대가 있었다는 것은 인정하지 않았다. 중국의 한족에게 정복되고 동화되어 국사를 서술할 수 없게 된 동북아시아 여러 민족의 역사를 서술해줄 의무가 있다고 생각하지 않았다.

산동반도 남북의 서이(徐夷)의 역사는 중국사이니 중국에 밀어두자고 하거나 한국사이니 한국사로 끌어들이자고 할 따름이다. 그 때문에 역사 영역의 국경 분쟁이 심각하다. 서이를 비롯한 동이족(東夷族) 여러 갈래의 역사를 각기 그것대로 연구해서 한국사와 중국사의 공유영역을 밝히는 것이 한국학자들이 해야 할 일이라고 생각하지는 않는다. 발해사 이해에서도 공유역사라는 개념을 인정하지 않는다.

한국사의 관점이 아닌 것은 오로지 중국사의 관점이라고 여기고, 한국사도 중국사도 아닌 다른 관점도 있다고 생각하지 않는다. 공유역사의 관점이 이른 시기 倭人의 활동을 다룰 때에는 한국 쪽에 유리하게 작용할 수 있다고 생각하지 않는다. 역사에서 국적의 개념을 버릴 수 없다고 한다.

그런 폐쇄적인 견해 탓에 동아시아문명과 한국사의

관계를 말할 때 어려움이 생긴다. 한문·불교·유교
를 받아들인 것이 한국사의 전개에서 어떤 의의를 가
지는가 하는 문제를 제대로 다루지 못한다. 그런 것
들이 한국문화의 바람직한 발전을 저해했는가 아니면
촉진했는가 하는 문제를 놓고 오랫동안 논란을 벌여
왔으므로, 한국사를 통괄해서 서술하려면 그 문제에
대해 저자 나름대로의 해답을 제공해야 한다. 그런데
그 셋을 여러 곳으로 분산시켜 관련 사실 위주로 간략
하게 언급하기만 했으며, 총괄적인 논의를 시도하지
않았다.

한문에 관해서는 한자를 받아들여 문자로 사용한
내력을 들고(87~88면), 신라 한문학의 작품 몇 가지를
제시하는 정도에 그쳤다.(122면) 불교 수용에 관해서는
그 이유와 과정에 관한 논의를 하고서 "왕권을 중심
으로 한 중앙집권적 귀족국가의 사상체계"로 받아들
여졌다고 결론지어 말했다.(90면) 유교는 "신라에서 전
제왕권이 강화되면서, 유교가 불교에 대항하는 독립
된 사상으로서 대두하기 시작한 것은 새로운 경향이
었다"(118면)고 한 데서 처음 거론했다. 고려말의 성리
학 전파에 대해서만 말하고(225~226면), 조선이 성리학

을 이념으로 한 유교국가로 창건된 데 대해서는 논의
하지 않았다.

그래서 각론만 산만하게 흩어져 있으며 총론은 없
다. 당면한 정치적인 상황을 미세하게 살피는 실증사
학의 작업을 했을 따름이고, 동아시아문명과 한국문
화의 관계를 거시적으로 살피는 역사철학을 갖춘 총
괄론은 마련하지 못했다. 역사철학은 역사학자의 소
관사가 아니라고 여겼다.

한문·불교·유교의 경우를 각기 따로 다루지 말고
함께 거론해야 하는 것이 역사철학 정립의 필수적인
과제이다. 그렇게 하면서 (가) 그것들이 한국민족의
고유한 문화와 어떤 관계를 가지고 한국문화 발전을
위해서 어떤 구실을 했는지 밝혀야 하고, (나) 그것들
을 동아시아문명의 다른 나라에서 어떻게 같고 다르
게 활용했는가 알아내고, (다) 그것들이 동아시아문명
의 공통된 창조물로서 이웃의 다른 문명권의 공동문
어 및 세계종교와 어떻게 같고 다른 양상을 지녔는지
고찰해야 한다. 그런 작업을 어디에든지 해당하는 일
관된 논리를 갖추어 전개해야 한다.

이 가운데 (가)만 국사학의 필수적인 과제이다. 그

러나 (나)와 (다)에 관한 문제의식과 거시적인 견해를
갖추지 않고서는 (가)의 작업을 제대로 할 수 없다.
비교사학을 배제하고, 역사철학을 멀리하면서 국사학
만 충실하게 하겠다는 것은 망상이다. 위에서 이미 다
룬 타이나 월남의 경우와 연관시켜 한국사의 경험을
되돌아보기만 해도 (나)와 (다)에 관한 소중한 착상을
다채롭게 얻을 수 있다. 그 말은 타이사학이나 월남사
학에도 그대로 해당된다.

한국민족이 주위의 다른 민족과 어떤 관계를 가져
왔는지 살피는 데는 관심을 가지지 않는다. 그 점에서
는 타이역사나 월남역사보다 더욱 협소하고 자폐적인
관점을 가지고 있다. 한국민족의 유래나 형성에 관해
서도 말이 없다. 구석기시대에서 신석기시대로, 다시
청동기시대로 넘어온 과정을 말하면서 구석기인이나
신석기인이 후대의 한국민족과 어떤 관계를 가지는가
말하지 않았다. 한국민족 형성에 다른 민족이 어떻게
끼어들었는가 하는 당연한 의문을 봉쇄했다.

역사가 시작될 때부터 한국사의 영역은 다른 민족
의 역사와 분명하게 구별되어 미분화되거나 중복되는
영역은 없었던 것처럼 말끔히 정리해놓았다. 한국인

은 다른 민족과 아무런 관련을 가지지 않고 지금의 강
토에 처음부터 홀로 살아오다가 이따금 뜻하지 않게,
또한 전혀 부당하게 국경을 넘어오는 다른 민족의 침
공을 받았다는 생각이 들게 한다.

다른 민족과 어울려서 살아온 사실은 되도록 무시
했다. 《삼국사기》에 빈번하게 등장한 말갈(靺鞨)이 이
책에서는 보이지 않아 그 정체에 관한 의문을 해결하
지 못하게 한다. 말갈이라고 일컬어지던 사람들이 고
구려는 물론 백제나 신라와도 가까운 위치에, 또는 그
세 나라 판도 안에도 있어서, 반드시 적대적이지만 않
고 우호적이기도 한 관계를 가졌으며, 상당수가 한국
민족으로 흡수되었다고 생각되는데, 과연 그랬던가
말해주지 않는다.

발해에 관해서 서술할 때 말갈이 비로소 등장한다.
고구려의 주민 노릇을 하던 말갈에 관해서는 아무 말
도 하지 않았기 때문에 말갈의 출현 자체가 기이하게
생각되게 한다. 발해를 세운 민족이 한국민족인가 말
갈인가 이분법으로 가려 결판을 내려고 하고, 그 둘이
하나로 얽힌 관계는 인정하지 않았다. 고구려는 단일
민족국가이고, 발해만 다민족국가였던가? 다민족국가

는 비정상적인 나라인가? 발해의 역사에 관해서 자세하게 검토하기 전에 이런 의문을 해결하는 일관된 견해를 마련해야 한다.

　그 뒤에도 말갈의 후예라고 생각되는 여진인(女眞人)은 한국민족과 오랫동안 섞여 살면서 한국민족에 동화되기도 하고, 소수민족으로 다루어져 천민 노릇을 하기도 했는데, 그런 내력을 다루지 않았다. 마지막 남은 여진인 소수민족을 재가승(在家僧)이라고 일컬은 사실을 언급하지 않았다. 한국민족이 다른 민족과 함께 살아온 내력을 애써 무시해서 고립과 독존의 의식을 고취하려고 했다고 비판하지 않을 수 없다.

　한국민족의 역사도 되도록 단일체로 만들어 한 가닥으로 서술하기 위해서, 서로 쟁패하다가 승리한 쪽만 특별히 중요시했다. 후대의 승리가 그 전에 이미 마련되어 있었던 것으로 이해되게 했다. 삼국의 역사는 신라 중심으로 서술한 《삼국사기》보다 한 걸음 더 나아가 자료 결핍을 무릅쓰고 균형을 취하려고 했다. 그러나 삼국 이외의 다른 나라의 역사를 찾는 데서는 진전이 없으며 있는 자료도 돌보지 않았다.

　더 넓은 판도에서 신라보다 먼저 발전한 가야(伽倻)

를, 신라의 팽창을 살필 때 비로소 논의의 대상으로 삼았다.(67~68면) 탐라국(耽羅國)에 관해서는 전연 말이 없다가, 원나라가 제주도를 점거해 '탐라총관부'(耽羅摠管府)를 설치했다고 할 때 비로소 '탐라'라는 이름을 등장시켰다. 그러고는 다시 말하지 않았다. 색인을 보아도 '탐라'·'탐라국'·'제주도'는 하나도 없고, '탐라총관부'만 있다.

식민주의사관을 청산하겠다고 서두에서부터 크게 표방하는 책을 쓰면서 탐라국의 역사를 말살한 것은 식민지사관이 아닌지 묻지 않을 수 없다. 지금 민족국가를 이루고 있거나 민족국가의 지배세력 노릇을 하는 집단만 식민주의사관을 거부할 자격이 있고, 그렇지 못한 쪽은 무시해도 그만이라고 한다. 지금 민족국가를 이루고 있는 민족의 역사라야 국사이고, 역사를 이해하는 최상의 방안이 국사라는 관점 때문에, 민족국가 내부에는 독자적인 역사가 있을 수 없다고 한다. 그렇다면 식민지주의사관을 비판해야 할 보편적인 이유는 없어진다.

민족국가의 역사인 국사를 서술할 때 민족의 단일성을 중요시한 나머지 민족이 계급으로 나뉘어 있다

는 사실을 경시하는 것을 흔히 볼 수 있다. 《타이사》
는 그렇게 쓴 역사의 대표적인 예가 된다. 《월남사》에
서는 민족사의 관점과 계급사의 관점을 합치려고 한
것을 이미 살핀 바 있다. 그래서 타이역사는 국왕이
만든 역사이고, 월남역사는 민중이 만든 역사라고 했
다. 《한국사》에서는 그 두 가지 관점을 절충했다고 할
수 있다. 한국역사는 지배세력과 민중이 함께 이룩해
왔다는 것을 책 전체의 결론으로 삼았다.

　그렇다면 지배세력과 민중이 실제로 어떤 관계를
가졌던가 밝혀 논하는 것이 긴요한 과제이다. 계급 구
성의 실상을 밝히고, 시대에 따른 변천을 논해야 그
일을 할 수 있다. 신라·고려·조선의 계급 구성을 비
교적 충실하게 설명하기는 했으나, 그것들이 서로 어
떤 관련을 가지고 어떤 변화를 겪었는가 하는 문제를
다루지는 않아 개별적인 지식을 제공하는 데 치중했
다고 할 수 있다. 그러다가 1894년의 갑오경장에 관한
논의에서는 다음과 같은 말로 변화 양상을 설명했다.

　　갑오경장에서 중요한 내용의 하나를 이루는 것은 사회적
　인 개혁이었다. 여기에는 우선 신분제도의 철폐가 포함되어

있다. 즉, 양반과 상민의 계급을 타파하여 귀천을 가리지 않
고 인재를 등용케 한다든가, 같은 양반에서도 문무존비(文
武尊卑)의 제도를 없앤다든가, 공사노비(公私奴婢)의 법전(法
典)을 혁파하고 인신의 매매를 금한다든가, 역정(驛丁), 광대
(廣大), 백정(白丁) 등은 모두 면천케 한다든가 하는 것이었
다. 이것은 양반체제하의 신분제도의 붕괴를 의미하는 것으
로 사회적인 대개혁이었다.(378면)

　이렇게 해서 사실 설명을 충실하게 한 것 같지만,
미흡한 점이 적지 않다. 우선 사용한 용어를 보면, '신
분'과 '계급'이 혼용되어 있다. 여러 가지 신분을 열거
하고, 그것들이 어떤 구조적인 관계를 가지는가 설명
하지 않았다. 신분의 구분을 법제적으로 철폐한 것이
사회경제사에서 계급 구성의 실질적인 변화가 이루어
진 것과 어떻게 관련되는지 파악하려는 노력이 보이
지 않는다. 앞뒤 시기와의 연관을 밝히지 않고, 다른
나라의 경우와 비교가 필요하다고 여기지 않았다.
　한국에서는 신분제가 법제적으로 유지되던 마지막
시기에 특권 신분인 양반이 매매의 대상이 되어 대폭
적으로 늘어났으며, 갑오경장에서 누구나 평민이 되

게 한 시책과는 상반되게 왕조가 망한 시기 이후에 마침내 거의 모든 사람이 양반이 되어, 양반제도가 사라졌다. 일제는 일본의 신분제도를 한국에 정착시키려고 했으나, 한국사회 변화의 자연적인 추세를 막을 수 없었다.

왕정이 유지되는 타이나 일본에서는 귀족제를 버릴 수 없으나, 식민지가 되어 왕정이 폐지된 한국에서는 신분 차별의 이념적인 근거가 없어졌다. 양반의 자격이나 수를 제한하는 아무런 제도적 장치도 없어, 한국사회에서 신분제가 철폐되고 말았다. 신분제를 철폐하고 근대화를 하는 과정이 이렇게 진행된 데 나타나 있는 한국사의 특수성과 세계사의 보편성을 밝혀 논하지 않은 것은 커다란 미비사항이다.

그런 미비사항이 있는 이유는, 국사를 국사로 다루는 데 그치는 제한된 시야에서 벗어나지 못했기 때문이다. 책 서두에서 역사의 보편성과 특수성을 이해하기 위해서 비교사학을 해야 한다고 스스로 주장한 바를 실행하지 않아, 한국사에서 일어난 변화를 세계사적 변화의 보편적인 과정이 특수한 방식으로 실현된 것으로 고찰하는 길이 막혀 있다. 한국사에서 일어난

일회적인 변화만 다루어서는 이론적인 일반화를 할 수도 없다.

〈한국사의 발전과 지배세력〉이라는 마지막 장에서는 한국사의 전개에 일관되게 보이는 법칙을 찾아내서 결론을 삼으려고 하고, "지배세력 바로 밑 계층이 새로운 지배세력으로 등장하곤 하여 점점 지배세력의 사회적 기반이 확대되어가는" 과정을 찾아냈다.(490면) "양반의 신분적 특권은 무너지고 중인이나 서리나 상공업자의 사회적 참여가 증대되어" 간 것을 그런 과정의 하나로 들었다.(489면)

그렇게 말한 데 두 가지 근본적인 의문점이 있다. '지배세력', '계층', '신분' 등이 어떻게 구별되며 어떤 관계를 가지는가? 한국사에서 확인되는 지배세력 교체가 한국사 특유의 현상인가, 다른 여러 나라의 역사에서도 널리 확인되는 세계사 전개의 보편적인 과정인가? 이 두 가지 의문을 해결해야 '법칙'을 발견했다고 할 수 있다.

앞의 의문 해결은 사회학에 미루고, 뒤의 의문 해결은 세계사에 넘긴다면, 한국사학은 학문이라고 할 수 없다. 모든 학문은 법칙을 발견해 이론을 정립하는 것을 목표로 하는데 한국사학이라고 해서 예외라고 할 수는 없다. 한국사를 서술하면서 법칙을 제시하는 데 이르려고 한 것은 그동안의 관례를 고려해보면 크게 평가할 일이다. 너무나도 당연한 일이 뒤늦게나마 나타났으니 평가해 마땅하다.

그러나 한국사에서 확인되는 지배세력 교체의 현상이 아직 법칙은 아니다. "이 사실은 곧 법칙과 같은 것으로 주장할 수 있는 것인지 어떤지 잘 모르겠다"(490~491면)고 말해서 미비사항이 있음을 인정한 것은 학문 이전의 성실성이라면, 법칙인지 아닌지 적극적으로 따지는 것이 학문하는 성실성이다. 법칙이란 내부 구성요소들의 논리적인 상관관계가 분명하고, 적용의 전체적인 범위나 적용 영역에 따른 변이가 뚜렷해야 인정될 수 있다.

그 두 가지 사항에 대해서 나의 견해를 제시할 수 있어야, 의문을 제기한 것이 공연한 트집이 아님을 입증할 수 있다. 비판을 하면 대안을 제시해야 하는 것이 학문하는 마땅한 자세이다. 그러나 길고 복잡한 논의를 펼 수 있는 자리가 아니니 간단하게 줄여서 말하기로 하자.

내부 구성요소들의 상관관계는 혈통에 따라 결정되는 '신분'과 생업 때문에 갈라지는 '계급'을 구분해야 명확해질 수 있다. 두 개념을 구분하면 신분이 계급으로 대치된 것이 한국사에서 확인되는 커다란 변화이다. 지배세력의 교체라고 한 것을 이렇게 이해해 단계를 구분해 논할 수 있다.

(가) 신분 사회가 지속되는 동안 제2위자가 제1위자로 올라선 단계, (나) 계급 분화가 상당한 정도로 진행되어 신분을 밀어내는 단계, (다) 계급 사이의 대립과 투쟁이 가장 큰 사회문제가 된 단계가 있다. 저자는 이 가운데 (가)를 드러내 논하는 데 그쳐 한국사 전개의 전반적인 양상을 제대로 파악하지 못하고 있다. (가)는 중세까지, (나)는 중세에서 근대로의 이행기, (다)는 근대의 변화이므로, 셋을 나누어 보아야 시대 구분이 명확해질 수 있다.

적용의 전체적인 범위나 적용 영역에 따른 변이는, 한국사를 다른 여러 나라 역사와 비교해서 고찰하면서 민족사의 특수성과 세계사의 보편성을 함께 고찰해야 밝혀질 수 있다. 그렇게 하려면 많은 노력이 필요하지만, 우선 드러난 바를 정리해서 앞으로의 작업을 위한 가설로 삼을 수 있다. 신분의 시대가 가고 계급의 시대가 이루어진 것은 어디서나 공통되게 나타난 세계사 전개의 보편적인 과정이다.

그런데 신분 구분의 유동성 정도와 새로운 생업이 나타나는 양상에 따라서 그 과정이 서로 다르게 구현된다. 한국에서는 상공업의 발달은 늦었으나 신분 구분의 유동성이 원래부터 컸으며, 식민지가 되어 왕정을 종식시켰기 때문에, 특권신분인 양반의 수가 제한 없이 확대되어 신분제를 무력화하는 상향평등화를 이루어, 특권신분이 철폐되어 하향평등화한 곳과는 다른 사회상을 보인다고 할 수 있다.

과연 그런지 확실하게 검증하기 위해서 앞으로 많은 일을 해야 한다. 이런 이론이 어느 정도 타당한지 확인하고 검증하기 위해서 국사를 넘어서는 사학을 하지 않을 수 없다. 전환의 필요성을 명확하게 할 수 있으면, 이 글에서 뜻한 바는 달성했다.

5. 국사의 문제점 총괄 검토

국사를 서술하기 시작한 시기가 유럽과 동아시아에
서 서로 다르다. 유럽의 국사는 근대의 산물이다. 그
런데 동아시아에서는 국사를 중세 때부터 쓰기 시작
했다.

《사기》(史記), 《한서》(漢書) 이래 중국 역대 사서는 국
사라기보다 문명권의 역사였다고 하겠으나, 한국의
《삼국사기》(三國史記), 일본의 《일본서기》(日本書紀), 월
남의 《대월사기》(大越史記)는 국사로서 손색이 없다. 세
나라 모두 국사를 고쳐서 다시 쓰면서 새로운 가치관
을 정립하고자 했다. 동아시아문명에서는 각국의 국
사를 일찍부터 마련한 점이 특별하다.

그런데 타이인은 인도에 연원을 둔 동남아시아문명
세계의 일원이 되어, 역사 서술을 소홀하게 여기는 그
쪽의 관례를 따르다가, 근대에 이르러서야 유럽문명
권 각국의 전례를 참고로 해서 자기네 국사를 쓰기 시
작했다. 동아시아 각국도 근대의 국사를 마련할 때에
는 유럽의 영향을 받았다. 그래서 중세의 국사와는 다
른 저술을 마련했다.

동아시아 중세의 국사는 문명권의 역사와 병행해서 존재했다. 한국인은 중국에서 이루어진 문명사인《통감》(通鑑)을 먼저 읽어 역사에 대한 일반적인 이해를 갖추고 한국의 국사서인《동국통감》(東國通鑑)에서 한국사에 대한 지식을 갖추었다. 그 둘은 서술의 원리가 서로 같아 충돌을 일으키지 않고, 내용에서도 상호보완적인 관계를 가졌다.

그런데 근대에 와서 새롭게 마련된 역사 인식에서는 중국사와 한국사의 관계가 일본사와 한국사의 관계와 같이 되었다. 문명권의 동질성은 부인되고 문명권의 공통의 역사서는 인정되지 않으며, 각국의 국사가 서로 대등한 자격을 가지고 경쟁하는 시대가 시작되었다.《통감》에서 다룬 내용은 중국사로 밀어두고, 새 시대의《동국통감》을《통감》과는 다른 방식으로 다시 써서 민족주체성을 드높이고, 민족국가의 정신적 지주로 삼게 되었다.

그런 일을 다른 나라에서도 일제히 해서, 국사의 서술 방법이나 서술 내용을 두고 배타적인 경쟁을 하는 시대가 도래했다. 근대 국민교육을 시작하면서 국사를 필수과목으로 삼아 오늘에 이르렀다. 식민지가 되어 주권을 상실한 동안에는 국사를 민족해방 투쟁의 정신적 지주로 삼아 더욱 존중했다.

그런데 유럽에서는 유럽사의 공통된 영역을 중간에다 두고 각국의 국사가 서로 경쟁하는 것과 다르게, 동아시아에서는 문명권의 역사를 아예 없앴다. 중세의 세계제국인 중국이 여러 나라로 해체되지 않고 근대민족국가로 행세해서, 문명권 전체의 유산을 온통 자기네 민족문화라고 강변한 것이 그렇게 된 한 가지 이유이다. 한편 일본은 아시아를 버리고 유럽문명권의 일원이 되겠다고 하는 이른바 탈아입구(脫亞入歐)를 표방하면서, 버려야 할 유산이라고 단죄한 동아시아 문명의 공동 유산을 중국 것이라고 아낌없이 넘겨준 것이 또 한 가지 이유이다. 그 두 가지 이유가 복합되어 동아시아의 동질성이 심각하게 훼손되었다.

유럽에서는 자국사가 유럽사 또는 서양사에 포함되어 있다. 그런데 동아시아 각국에서 말하는 동양사는 자국사를 제외한 아시아사의 나머지 부분이다. 한국이나 일본에서는 동양사가 실제로는 중국사이다. 동양사는 국사를 포함하지 않을 뿐만 아니라 국사와 겹쳐지지 않는 별개의 영역이다. 서로 겹치는 것을 인정하지 않고, 모든 사물은 각기 그것대로 독립되어 있다고 보는 근대적인 사고방식의 극단적인 분할주의가 거기 나타나 있어, 역사 인식을 그르치고 있다.

유럽에서든지 아시아에서든지 국사의 기본 이념이 민족주의인 점은 서로 다르지 않다. 중세보편주의에서 벗어나서 근대민족주의를 새로운 시대의 이념으로 삼으면서 국사를 내놓은 것은 긍정적으로 평가해야 마땅한 전환이었다. 국사를 서술해서 민족사의 주체적인 전개를 찾아 평가하고, 민족문화의 발전을 도모하고, 지배층과 피지배층이 다 같은 국민임을 확인하는 것은 당연한 일이었다.

그러나 이제 근대의 국사는 긍정적인 의의가 거의 다 발현되어 더 기대할 것이 없다. 훌륭한 일이라도 너무 오래 지속되어 지나치면 폐단이 되고 마는 원리가 국사에 나타났다. 역사를 국사로 이해하는 편협한 시각이 폐단을 빚어냈다. 국사에서 제시하는 배타적인 의식이 세계적인 범위의 정의를 부인하고, 인류의 평화와 화합을 저해한다. 역사 이해의 방향 전환을 하지 않고서는 역사 발전을 기대할 수 없게 되었다.

민족지상주의가 국사지상주의를 가져오고, 국사 때

문에 민족지상주의가 고착화하는 것이 문제이다. 이
제 그런 잘못을 시정해야 한다. 근대화의 긍정적인 의
의보다 부정적인 작용이 더 커지고, 근대극복의 과제
가 제기되는 지금의 상황이 국사의 극복을 요구하고
있다.

　근대학문을 넘어서는 과제 가운데 가장 크고 힘든
것이 국사 극복이다. 어려운 일일수록 슬기롭게 해야
한다. 극복이 무엇인가 납득할 수 있게 밝히면, 과거
가 저항을 멈추고, 미래를 슬기롭게 창조하는 데 동참
하게 할 수 있다. 국사라는 학문영역을 없애야 극복을
할 수 있는 것은 아니다. 국사가 여러 단위 역사의 하
나에 지나지 않는다는 것을 분명하게 하고, 국사의 배
타적인 주장을 다른 단위의 역사와 유기적인 관계에
서 상대화하고, 구조화하자는 것이다. 그렇게 하는 것
이 바로 국학을 넘어서는 국학을 하자는 노선이다.

　민족지상주의를 고취하는 국사는 국가의 성립과 팽
창을 다루는 데 치중하는 정치사이고 전쟁사이다. 사
람이 어떻게 살아왔는가 하는 기본적인 사실은 무시한
다. 자기 국가가 강성하고 남들을 지배한 것을 자랑스
럽게 다룬다. 자기 민족이 주권을 잃고 억압을 받다가

투쟁해서 승리를 거둔 내력도 자랑스럽게 다룬다. 그래서 국가와 민족이 싸운 역사를 서술한다. 무용(武勇)사관을 애국주의의 원리로 삼는 데서 벗어날 수 없다.

민족국가의 역사인 국사는 민족국가의 실체에 대해서는 의문을 품지 않는다. 그런데 민족국가는 개념이나 범위가 자명하지 않고, 형성과정도 모호하다. '민족국가'를 이루는 두 단어 '민족'과 '국가'가 일치하지 않고, 서로 어긋나는 데 문제가 있다. 민족사와 국가사의 관계를 분명하게 하면서 문제 해결에 힘쓰려고 하지 않고, 지배민족의 역사가 민족사이고 국가사라고 일방적으로 밀고 나가면서 반론을 압살하는 것이 예사이다. 이런 국사서는 국가주의 어용학문의 사령탑이고, 민족모순을 악화시키는 원흉이다.

타이와 월남의 국사서를 보면, 계급모순에 관해서는 상반된 견해를 제시하고 있다. 우익의 역사관과 좌익의 역사관이 어떻게 다른지 그 두 나라 국사서에서 선명하게 확인할 수 있다. 민족모순을 자기 민족우월주의에 입각해서 해결하려고 하는 점에서는 서로 일치한다. 그래서 계급모순 해결에 관한 시비가 끝난 것은 아니다. 계급모순이 해결된 것은 더욱 아니다. 그

러나 이제 민족모순에 관해서 더욱 진지한 논의를 해
야 할 때이다. 지배계급이 자기 위주의 강압적인 태도
를 보이는 것이 부당하듯이, 자기 민족을 일방적으로
옹호하는 것도 시대착오의 발상이다.

계급모순에 대처하는 방안에 관해서는 보수적인 견
해가 있고, 진보적인 견해가 있어 서로 다툰다. 그것
은 실제의 싸움이면서 또한 이론의 싸움이다. 그런데
민족모순에 관해서는 보수적인 견해만 있다. 자기 민
족만 일방적으로 옹호하는 보수적인 견해를 누구든지
함께 지니고 있어, 이론의 싸움은 없어 실제의 싸움만
있다. 실제의 싸움을 조절하고 해결하는 이론을 마련
할 길이 없다. 자기 민족과 다른 민족이 서로를 이해
하면서 대등하게 지내고, 평화롭게 살 수 있는 진보적
인 견해를 가지면, 서로 싸우지 않을 수 있는데, 그런
구실을 하는 사학은 없다.

국사에서 문명권 공동의 역사는 최대한 배제된다.
남들과 더불어 산 것은 잘못이고, 홀로 우뚝한 것이
자랑스럽다고 한다. 문명권 중심부의 세력은 언제나
침략자였다 하고, 문명권 공동의 성취는 민족의 경쟁
물로, 민족문화의 독자성을 구현하기 위한 소재로나

이해된다. 국가의 정치적 독립이 문화 창조에서도 엄격하게 보장되고, 평가되어야 한다는 주장을 편다. 그래서 문화사가 문화사일 수 없게 한다.

지배민족의 역사를 국가 전체의 역사라고 하는 것이 또한 문제이다. 정복되고 동화된 민족의 독자적인 삶을 무시한다. 중앙정부 중심의 역사를 서술해서 지방사의 독자적인 전개를 무시한다. 국가를 이룩하지 못한 소수민족은 국사를 쓸 수 없으며, 국사가 아닌 역사는 역사가 아니니 역사를 쓸 수 없다. 소수민족도 국사를 써야 하고, 독립을 이루어야 하는 것이 해결책은 아니다. 국사의 일방적인 위세를 시정해야 한다. 국가의 통제력이 완화되는 지침을 역사에서 제공해야 한다.

자기중심주의의 관점은 보편성을 유린한다. 고대의 자기중심주의를 근대민족주의로 재현하는 것이 처음에는 진보적인 노선이었으나, 이제는 중세보편주의를 부인한 죄과를 물어야 할 때가 되었다. 피해자의 자기중심주의는 정당할 수 있으나 가해자의 자기중심주의는 부당하다. 보편주의를 재현하기 위해서 근대를 비판하고 중세를 다시 긍정해야 한다.

국사라고 하는 한 가닥의 역사만 다루고, 다른 역사와의 비교논의를 하지 않기 때문에, 역사 이해를 일반화, 이론화하지 못한다. 사학이 스스로 이론을 창조하지 못하므로 사회학문에 의존해서 부적절한 이론을 가져다가 적용하는 시험장이 되는 잘못이 그렇게 해서 생긴다. 인문학문에서는 가져올 만한 이론이 없어서, 인문학문의 문제는 사실 열거 수준에서 소홀하게 다룬다. 사학이 이론을 창조하는 학문이 되기 위해서는 비교사학의 작업을 부지런히 해야 하는데, 국사가 그것을 막고 있다.

국사에 집착하는 폐단을 시정하기 위해서 국사 이하 단위의 역사나 국사 이상 단위의 역사를 또한 중요시하면서, 그런 것들과의 관계에서 국사를 이해해야 한다. 민족국가를 이루지 못한 집단의 역사, 민족국가의 역사, 문명권의 역사, 세계사의 관계를 유기적으로 파악하는 것이 새로운 사학의 기본 과제이다. 민족국가의 배타적인 의의를 내세우고, 민족국가를 이루지 못하는 민족의 역사는 무시하고, 민족국가의 역사 이상 단위의 역사는 부인하는 잘못을 시정해야 한다.

무용사관에 입각해서 정치사를 다루는 데 치중해
온 관점에서 벗어나서, 문학사, 사상사, 종교사, 예술
사 등을 함께 아우르는 총체사를 이룩해야 한다. 정치
사에다 다른 것을 보태 분류사라고 하는 것은 부적절
하다. 정치가 아닌 다른 영역의 역사창조는 정치적 목
적 달성을 위한 방편에 지나지 않았다고 하는 견해가
타이·월남·한국의 서로 다른 국사서에 일관되게 갖
추어져 있는 사실을 바로 알고, 그런 잘못을 시정해야
한다. 문명권의 동질성을 확인하고 인류의 화합을 이
룩할 수 있는 창조적 활동의 성과는 알려지지 않게 차
단해놓은 정치사의 장막을 걷어내고 문화사를 제대로
밝혀내야 그런 잘못을 시정할 수 있다.

민족국가의 범위를 넘어선 역사를 이해하려면 공통
된 시대구분이 있어야 한다. 민족국가의 우열을 다투
는 데 급급한 정치사에서는 그 일을 할 수 없다. 마르
크스주의 사회경제사에서 세계사의 시대구분을 한다
고 한 것도 유럽문명권중심주의에서 벗어나지 못하고
있으며, 근대 이후의 발전만 일방적으로 중요시하는
폐단도 심각하다. 내가 문학사에서 출발해서 새롭게
하고 있는 시대구분이 그런 비판에 대한 대안이다.

구비문학 · 공동문어문학 · 민족어기록문학의 상관
관계를 밝히는 것이 문학사 이해의 핵심과제라는 데
서 내 이론은 출발한다. 구비문학에서는 민족국가를
이루지 못하는 민족의 문학이 지배민족의 문학과 대
등하게 평가된다. 공동문어문학에서는 민족국가의 구
분을 넘어서 문명권 전체의 동질성을 통괄해서 이해
한다. 민족어기록문학은 민족국가의 성장과 더불어
발전해왔다. 그 세 가지 문학이 각기 그 나름대로의
독자적인 의의를 가지고 상관관계를 맺어온 내력이
문학사이다.

그런데 공동문어문학은 일정한 시기에 등장해서 얼
마 동안 존속하다가 물러났다. 그러므로 문학사 시대
구분의 명확하고 포괄적인 기준을 거기서 찾을 수 있
다. 한문, 산스크리트, 고전아랍어, 라틴어 같은 공동
문어의 문학과 민족어문학이 공존하던 시대가 중세,
그 이전이 고대, 그 이후가 근대이다. 이런 시대구분
은 시대의 경계를 분명하게 하고, 여러 문명권의 시대
구분을 일치시킬 수 있다. 민족국가의 역사를 그 이상
단위의 역사 및 그 이하 단위의 역사와 유기적으로 연
결시켜 이해하는 시야를 확보할 수 있다.

그런 시대구분은 문학사의 범위를 넘어선 영역에까지 확대해 적용할 수 있으며, 역사에 대한 총체적인 이해를 마련하는 데 사회경제사를 훨씬 능가하는 의의를 가진다. 공동문어문학의 시기가 종교사에서는 세계종교의 시기이다. 공동문어 및 세계종교에 따라 구현되는 세계관에 따라서 중세의 문화형태는 물론 사회구조까지 형성되었다. 고대에서 중세로 넘어가는 변화를 주도한 사람들이 중세화에서 무엇을 얻고자 했던가 하는 의문을 중세보편주의의 본질을 깊이 있게 통찰해서 해결해야 한다.

오늘날의 학문에서는 근대화보다 중세화가 더욱 긴요한 연구 과제로 등장하고 있다. 근대를 극복하고 다음 시대를 만드는 과업이 고대를 극복하고 중세를 만든 것과 유사한 과정이기 때문이다. 사람은 서로 평등하다는 이상과 신분의 차별을 타고난다는 실상, 문명권의 동질성을 내세우는 개방과 자기 민족의 독자적인 삶에 집착하는 폐쇄의 양면 가운데 이상과 개방의 측면인 중세보편주의가 기만이었다고 비판해서 버리는 것은 부적절한 견해이다. 중세보편주의를 근대민족주의로 바꾸어놓아 역사발전에 기여한 성과를 넘어서기 위해서 중세를 재평가해야 한다.

국사학에 대한 비판과 반성이 그 때문에 긴요하다. 국사는 각기 배타적이고 경쟁적인 관점에서 서술하지만, 국사학에 대한 비판과 반성은 공동의 과제이고, 여러 나라가 서로 협력해서 해야 할 일이다. 그렇게 하는 데 힘써 노력해야 하는 것이 한국학의 과제이다. 한국문화를 남들에게 알려 자기선전을 하기 위해서 한국학을 세계화해야 한다는 좁은 소견에서 벗어나자. 세계가 함께 당면하고 있는 문제 해결을 위해 한국학문의 역량을 발휘하는 것이 한국학의 세계화이다.

세계화와 관련해서 국사에 대해서 반성하고 재검토하는 논의가 없는 것은 아니다. 그런데 국사의 연구는 일단 젖혀두고 교육에 대해서 논하기만 한다. 학문은 죽여놓고 교육은 살리려고 하는 잘못을 학문에 종사하는 사람들이 스스로 저지르고 있지 않는가 하는 의구심을 자아내는 발언을 하고 있다. 세계화시대에 국사교육을 약화시키는 것은 부당하다고 하면서 국사를 세계사와 연결시켜 교육해야 한다고 주장한 것은 타당한 말이지만, 그럴 만한 연구를 하고 있는지 반문하지 않을 수 없다.

인문학의 위기를 극복하는 데 기여하는 역사교육을 해야 한다고 한 것도 타당한 지론이지만, 그럴 수 있는 이론을 스스로 정립하기 위해서 우리 학계에서 어떤 작업을 하고 있는가 묻지 않을 수 없다. 세계화의 도전이 닥쳐오는 데 맞서서 자위권을 행사하려고 하는 소극적인 자세를 버리고, 이제 민족사와 세계사의 전개를 함께 이해하고 전망하는 역사철학을 마련하는 적극적인 작업을 해야 한다. 원대한 전망을 다시 마련해야 한다.

역사교육을 몇 단계로 해야 한다고 생각한다. 첫 단계에는 자기 지역의 지방사를 공부한다. 둘째 단계에는 지방사에서 한국사 전체로 공부를 확대한다. 셋째 단계에는 한국사에서 동아시아사로 공부를 확대한다. 넷째 단계에는 동아시아사에서 세계사로 공부를 확대한다. 이 네 단계를 각기 초등학교 저학년, 초등학교 고학년, 중학교, 고등학교에 배정하는 것이 바람직하다. 대학 교양과목에서는 문제 중심으로 한국사와 세계사를 종행으로 연결시키고, 역사의 여러 영역을 합쳐서 다루는 역사공부를 하는 것이 좋다.

그렇게 하기 위해서는 지방사−민족국가사−문명권

사—세계사를 연결시키는 이론을 마련하고 실제 연구를 축적해야 한다. 국사·동양사·서양사를 학과를 나누어놓고 별개의 전공자들이 따로따로 다루는 관습을 철폐해야 그렇게 할 수 있다. 그렇게 하는 데 필요한 여러 과업 가운데 새로운 역사철학의 정립은 문학사를 전공으로 하는 내 자신의 직접적인 소관사이므로 이제부터 논의를 더욱 진전시키고자 한다.

6. 새로운 역사철학을 위하여

예증으로 들어 살핀 타이·월남·한국의 국사학은 서로 아주 다른 것 같지만, 공통적인 결함을 지니고 있다. 공통적인 결함을 찾아내 시정하는 작업을 함께 해야 한다. 자기 결함을 스스로 알아내기 어렵고, 시인하려면 상당한 용단이 필요하기 때문에, 남의 것에 비추어 자기를 되돌아보는 것이 바람직한 방법이다.

결함을 시인하고 시정하려 하면 다른 나라보다 뒤떨어진다고 하는 우려를 떨치기 위해서도 필요한 노력을 일제히 해야 한다. 한 나라에만 국한되어 있지 않고, 다른 여러 나라가 공유하고 있는 결함이 진정으로 중요한 이론적인 결함이다. 그것은 세계사적 과오이므로 세계사의 전환과 더불어 시정해야 한다.

국사는 우리 민족을 옹호하는 민족의 학문이므로 독자적인 전통을 이어 남다른 생각을 펼친다고 착각하기 쉬우나, 그런 특징을 가진 국사 서술 자체가 유럽문명권에서 근대에 만들어진 이념인 줄 알아야 한다. 다른 민족의 국사는 자기 민족의 역사를 과장되게 칭송해 남에게 피해를 끼치는 잘못이 있지만, 자기네 국사는 민족의 영광을 사실대로 말해서 훌륭하다고 생각하는 것은 더욱 어리석다.

자기네 국사의 결함은 스스로 알아차리지 못하는 편협한 애국주의자라도 다른 나라 국사에서 보이는 잘못이 국사 서술의 공통적인 특성임을 인정할 수 있으면, 문제를 새롭게 검토하는 것을 방해하지 않을 수 있다. 유럽문명권 근대학문에서 저지른 과오를 시정하는 일을 다른 문명권에서 앞장서는 것이 마땅하다는 데 동의한다면, 학문의 역사를 새롭게 창조하는 데 동참하는 것도 가능하다.

논의를 쉽게 하기 위해서 한국의 국사부터 들지 않

고, 멀리 돌아가는 길을 택하기로 한다. 세 가지 예증 가운데 가장 멀리 있는 타이의 국사서를 보자. 타이민족과 다른 민족 사이에는 투쟁의 역사로, 타이역사 내부는 국왕을 중심으로 한 단합의 역사로 이해해서, 투쟁과 단합을 분리시켰다. 그런 잘못을 시정해야 역사 이해가 바르게 된다.

타이민족과 다른 민족과의 관계에서도 화합이 있었다. 공동의 문명을 창조하는 과업을 다른 민족과 함께 수행한 것이 최대의 화합이었다. 타이사회 내부에도 대립과 투쟁이 있었음을 간과할 수 없다. 국왕의 치적으로 타이역사가 전개되어 왔다고 하는 서술이 설득력을 가지지 못하는 것은 그 때문이다. 다른 나라에서도 가능한 역사 전개의 보편적인 과정이 국왕의 시책에 의해 타이의 방식대로 구체화되었던 사실을 고찰해, 보편성과 특수성의 관계를 해명할 수 있어야 한다.

월남의 국사 서술에서는 외래문명과 월남문화, 지배층과 민중 사이의 관계를 대립과 투쟁으로 보는 쪽으로 치우쳐 있는데, 그런 잘못도 시정해야 한다. 중국의 침공을 물리치면서 동아시아문명의 보편주의를 독자적으로 구현해 민족문화의 역량을 키운 사실을 밝혀내야 한다. 지배층과 민중이 투쟁하면서 합작해 온 양상을 실상대로 파악해야 한다.

역사관을 바로잡기 위해서는 문학의 역사를 중요시할 필요가 있다. 동아시아문명과 민족문화의 상보적인 관계, 지배층과 민중의 합작을 이해하는 데 문학이 최상의 자료를 제공한다. 정치사에서 나타나는 싸움과 문학사에서 해명되는 화합의 양면이 합쳐져 있는 것이 역사의 실상이다. 양면의 역사를 통괄해서 이해하면서 역사의 실상을 입체적으로 해명하는 작업을 적극 시도해야 새로운 역사관을 마련할 수 있다.

한국역사를 서술할 때에는 사회 내의 대립과 투쟁 가운데 어느 한쪽에 쏠리지 않고, 둘 다 있는 사실 그대로 소개하려고 한다. 그러나 대립과 투쟁이 어떤 관계를 가지는가 하는 문제를 역사철학의 관점에서 해명하려고 하는 시도는 없다. 지배세력의 교체를 정리해서 말한 데서도 사실의 열거를 넘어서지 못하고 있는 것이 그 때문이다. 사회가 움직여지고 역사가 전개되는 역동적인 과정이 어째서 생겨나는가 하는 문제가 문제로 의식되지 않고 있다.

　타이의 왕조사관, 월남의 계급투쟁사관, 한국의 실
증사관은 서로 아주 다른 것 같지만, 뚜렷한 공통점
이 있다. 자기 나라만의 역사를 각기 그 나름대로 특
수하게 조성되어 있는 관점에서 살피는 데 그치고, 역
사 전개의 공통된 양상을 납득할 수 있게 해명해주는
포괄적인 이론을 결여하고 있는 점이 서로 같다. 그렇
기 때문에 역사의 어느 국면에 대해서 단편적인 이해
를 한 편린들을 늘어놓기만 한다. 생성과 극복, 화합
과 투쟁을 분리시켜 놓는다.

　그런 잘못을 시정하기 위해서는, 생성과 극복, 화합
과 투쟁이 둘이 아니고 하나이며, 하나가 아니고 둘인
총체를 파악하는 생극론(生克論)의 역사철학을 마련해
야 한다. 생극론은 모든 이치를 한꺼번에 밝히는 총체
적인 철학이지만, 역사철학으로 이해하고 적용할 때,
그 의의가 특히 선명하게 나타난다. 철학을 철학으로
제시하는 데 그쳐서는 절실한 의미를 잃어 공허하다
는 느낌을 주기 쉽다. 그래서 생극론 일반을 생극론의
역사철학으로 좁히고, 생극론의 역사철학을 국사학의
실제적인 문제를 검토하면서 구체화해서 논하는 것이
긴요한 과제이다.

하나가 여럿이고, 여럿이 하나인 것이 생극론의 근본 이치이므로, 이렇게 하는 것이 임시방편이 아니고 필수적인 작업이다. 생극론은 철학의 독존을 부정하면서 철학의 논란을 활성화한다. 철학은 부정해야 살아난다. 그렇게 하는 작업을 하나 더 보태기 위해서 이 글을 쓴다.

생극론의 역사철학을 마련하는 작업은 원효(元曉)에서 최한기(崔漢綺)까지의 한국철학에서 화합과 투쟁의 관계를 줄기차게 따져온 선행작업에 연원을 두고 있다. 그 가운데 홍대용(洪大容)이 한 작업과 특히 밀접한 관련을 가진다. 홍대용의 역사관에 내포되어 있는 생극론의 이치를 분명하게 드러내서 가다듬고, 홍대용의 시대에는 아직 등장하지 않은 새로운 문제를 광범위하게 다루어 오늘날의 역사철학을 마련한다.

홍대용은 말했다. 공자(孔子)는 주(周)나라 사람이므로 내외(內外)를 구분하는 기준을 주(周)나라에 둔 《춘추》(春秋)를 지은 것이 당연하다 하고, 공자가 바다를 건너 구이(九夷)에 가서 거주하면 주(周)를 이(夷)로 다루는 〈역외춘추〉(域外春秋)를 저술했을 것이라고 했다. "각기 자기네 사람과 친하고, 각기 자기네 임금을 받

들고, 자기네 나라를 지키고, 자기네 풍속에 안주하는
것은 화이(華夷)가 마찬가지이다"라고 했다.

누구나 그렇게 생각할 수 있으니 자기 관점에서 국
사를 쓰는 것이 당연하지만, 내외(內外)의 구분이 절대
적이지 않고 상대적임을 알아야 한다고 했다. "이웃과
네 변두리는 한 나라의 안팎이다"고 하고, "같은 제도
를 쓰는 곳과 교화되지 않은 곳은 천지의 안팎이다"고
했다. 그 말은 국사 이하 단위와 국사 이상 단위에서
내외가 구분되는 것이 국사와 국사 사이의 내외 관계
와 동일하다는 뜻이다.

그런 이론을 정립한 홍대용은 중세보편주의에서 벗
어나서 근대민족주의로 나아가는 역사관을 마련하면
서, 민족주의의 근본을 이루는 주체적인 관점이 절대
적이지 않고 상대적이며, 민족국가 이하의 단위나 민
족국가 이상의 단위에서도 동일하게 인정되어야 한다
고 했다. 내외 관계에 있는 모든 것은 서로 투쟁하면
서 화합한다는 것이 그 근거이다. 서경덕(徐敬德)이 마
련하고 임성주(任聖周)가 다진 생극론의 본체론을 그런
내용을 가진 문화철학 또는 역사철학으로 확장해서
이용한 것이 홍대용의 공적이다.

오늘날의 국사학자들은 홍대용을 크게 평가하면서 역사철학 계승은 소홀하게 해서 역사 이해를 그르친다. 국사의 민족주체성을 절대적인 것으로 이해하고, 남들과 공유하려고 하지 않으면서, 국사 이하 단위나 국사 이상 단위의 내외를 국사의 내외와 서로 관련지어 함께 파악하지 못한다. 생극의 이치를 잊어버려 투쟁과 화합을 둘로 갈라놓고 이해하는 것 외에 다른 방법이 없는 줄 안다.

홍대용의 역사철학을 재인식하고 계승한다고 해서 중세로 되돌아가는 것은 결코 아니다. 그릇된 근대화의 폐단을 극복하고 진정한 근대화를 이룩하면서, 근대에서 이룩한 학문적 성취를 근대를 넘어서는 학문을 위해 활용하는 길을 홍대용에게서 찾을 수 있다. 홍대용은 근대인으로 태어나지 않았으며, 중세의 역량으로 중세를 넘어서려고 분투했다. 홍대용이 중세를 넘어서려고 한 방법을 우리가 근대를 넘어서는 데 쓸 수 있다.

이런 방법으로 자기 시대를 넘어서는 것이 어떻게 가능한가 하는 의문을 생극론에서 풀어줄 수 있다. 이기기 위해서는 져야 하고, 져야 이긴다는 것이 생극론의 승패론이다. 근대를 넘어서기 위해서는 근대를 이룩해야 하고, 근대를 이룩하기 위해서는 근대를 넘어서야 한다. 우리 학문의 과제와 진로가 바로 거기 있다는 것을 사학의 경우를 들어 구체화해서 논하는 것이 이 글에서 하는 일이다.

생극론의 관점에서 역사의 전개를 크게 논하면, 문명권과 문명권, 민족과 민족, 계급과 계급은 화합과 투쟁의 양면적인 관계가 둘인 것은 하나로 만들고, 하나인 것은 둘로 만들면서 역사를 창조해왔다. 역사를 문명권·민족·계급의 단위에서 이해하는 데 생극론이 일관되게 적용될 수 있다. 그런데 그 세 가지 역사를 각기 독립시켜 다루고, 별개의 원리로 파악하려고 한 것이 지금까지의 사학이 저지른 결정적인 잘못이다.

그 세 가지 역사 가운데 문명권 단위의 역사에 관해서는 논의가 충분히 구체화되지 못했다. 문명과 문명의 관계를 이해해 세계사를 서술하는 작업은 시도 단계에 머무르고 있다. 문명들 사이의 충돌이 필연적이라는 주장과 문명들 사이의 화해가 바람직하다는 소망이 제대로 검증되지 않은 채 각기 따로 표명되고 있다. 그런 문제를 다 모아서 결판내면서 명실상부한 세계사를 서술하고, 인류의 미래를 슬기롭게 예견하는 것이 생극론 역사철학의 최종적인 과제이다.

그러나 거기까지 직접 갈 수는 없으므로, 중간 단위의 역사를 점검하는 작업을 선행 과제로 삼아야 한다. 중간 단위의 역사 가운데 계급의 역사에 대한 논의가 가장 많이 그리고 성과 있게 이루어졌다. 마르크스주의 유물사관은 계급모순의 역사를 이해하고 해결하는 과제를 특히 중요시해서 역사연구를 크게 발전시켰다. 역사는 계급투쟁의 역사이고, 계급투쟁은 혁명으로 해결해야 한다는 주장이 대단한 설득력을 가지도록 할 만큼 연구성과를 축적했다. 그러나 민족모순에 대한 연구는 계급모순만큼 이루어지지 않았으며, 해결 방안이 모호하다.

계급모순을 투쟁으로 해결해야 한다고 해서 민족모순도 투쟁으로 해결해야 하는 것은 아니다. 민족모순은 화해로 해결해야 한다. 유물사관은 계급모순을 투쟁으로 해결하는 방안을 명확하게 제시하고 실천을 통해 검증하면서, 민족모순은 화해로 해결해야 한다는 데 대해서는 전혀 말이 없다.

모택동(毛澤東)이 〈모순론〉(矛盾論)에서 갖가지 모순을 열거한 가운데 민족모순은 보이지 않는다. 그런데 오늘날 인류는 계급모순 때문이 아닌 민족모순 때문에 피를 흘리고 있다. 중국 또한 민족모순의 문제가 심각하다. 계급모순을 대폭 완화하자 민족모순이 첨예하게 나타나 폭발 지경에 이르렀다.

이제부터 사학은 계급모순보다 민족모순을 더욱 중요시해서 다루어야 한다. 민족국가의 역사인 국사는 민족문제를 다루는 데 앞장서고 있지만, 민족모순을 해결하려고 하지 않고 악화시키기만 한다. 그 때문에 지난 시기 역사를 조작하고, 오늘날의 문제를 그릇되게 진단한다. 국사를 넘어서야 민족모순을 제대로 해명하고 해결할 수 있다.

그러나 계급모순의 문제를 버려두고, 민족모순의 문제를 다루자는 것은 아니다. 그 둘을 다루는 근본원리가 서로 달라야 하는 것도 아니다. 계급모순 해결을 위한 투쟁과 민족모순 해결을 위한 화해는 생극론의 한 면씩을 분리시켜 일컫은 것이다. 투쟁과 화해가 하나이면서 둘이고, 둘이면서 하나라고 하는 것이 생극론의 근본원리이다. 투쟁과 화해가 둘이므로 계급모순 해결책과 민족모순 해결책은 서로 달라야 한다. 그러나 투쟁이 화해이고 화해가 투쟁이므로, 두 가지 해결책이 서로 다를 수 없다.

계급모순을 투쟁으로 해결하자면 화해를 해야 하고, 민족모순을 화해로 해결하기 위해서는 투쟁을 배제할 수 없다. 상대방의 주장을 자기 것으로 전환시켜 화해를 창출하는 쪽이 투쟁에서 승리한다. 투쟁할 대상이 무엇인가 정확하게 알아서 적절한 방법으로 제거해야 승패를 구분할 필요가 없는 화해를 이룩할 수 있다. 투쟁과 화해가 그런 관계에 있다는 것을 원론적인 차원에서 해명하고, 역사의 실상을 구체적으로 이해하는 데 적용하고, 오늘날의 문제를 해결하는 데 쓰는 다각적인 작전을 생극론이 감당한다.

지난날의 역사를 되돌아보면, 문명권의 동질성이 있어 여러 민족이 하나가 되지만, 동질성을 독자적으로 구현하는 것이 발전의 길이었다. 그런 과업을 다시 이룩해야 한다. 계급의 차별을 넘어서서 하나가 되자는 주장은 허위이므로 싸워서 격파하면서, 싸움을 하는 과정에서 서로 자극을 주어 극복이 생성이게 했다. 그런 창조적인 작업도 다시 이룩해야 한다. 그래서 역사연구와 오늘날의 실천을 긴밀하게 연결시켜야 한다. 과거가 오늘날에 살아 있어 미래를 형성하는 적극적인 작용을 할 수 있게 하는 것이 역사 서술의 최종 임무임을 명확하게 확인해야 한다.

생극론에 입각해서 살피면, 타이의 왕조사관, 월남의 계급사관, 한국의 실증사관은 역사 전개의 총체적인 과정 가운데 어느 일부를 임의로 선택해 관련 사실을 열거하기나 했다. 그런 잘못을 바로잡아 역사 전개의 공통성을 확인할 수 있어야 국사를 넘어서서 세계사로 나아가고, 사실 해명의 사학을 새로운 역사철학으로 바꾸어놓을 수 있다. 정치사에 치우치고 경제사에 의거하는 사학을 역사창조의 모든 국면을 포괄해서 다루는 총체적인 사학으로 바꾸어놓을 수 있다.

국사를 넘어서기 위해서는 각국의 역사에 함께 적용되는 공통된 시대구분이 있어야 한다. 마르크스주의의 유물사관에서 그런 것을 내놓은 것은 커다란 의의가 있으나, 미완성의 이론이 수정 불가능한 이념으로 숭앙되어 난관이 생겼다. 유물사관이 등장해서 학문 발전에 기여한 공적이, 경직되게 이념화한 마르크스주의가 새로운 탐구를 막는 폐단 때문에 크게 훼손되었다.

그렇다고 해서 세계사의 공통된 시대구분을 찾지 말고, 거대이론을 불신하는 것이 적절한 대응책일 수는 없다. 국사는 각기 그 나라 역사의 실상에 맞게 독자적인 시대구분을 해서 쓰면 그만이라고 하면 문제가 해결되는 것은 아니다. 이론과 사실이 맞지 않으면 이론을 버려야 한다는 것은 소극적이고 무책임한 대책이다. 사실과 합치되는 이론을 다시 만드는 것이 학문의 임무를 제대로 수행하는 적극적인 해결책이다.

어디서나 적용될 수 있는 새로운 세계사 시대구분의 보편적인 이론을 인정하고, 그것을 찾아내기 위해서 계속 노력해야 한다. 새로운 시대구분의 이론을 마련하는 작업은 기존의 이론 가운데 가장 큰 도전으로 남아 있는 유물사관과 생극론의 관계를 가지고 이루어져야 한다. 유물사관을 받아들여 극복하는 작업을 생극론에 입각해서 성취해야 한다. 유물사관에서 내세우는 극복의 사관을 받아들이고 생성의 사관을 거기다 보태는 것이 기본 작전이다.

유물사관에 대해서 세 가지 국사서가 서로 다른 반응을 보였다. 《타이사》는 유물사관에 대해서 전혀 아무런 관심도 가지지 않았다. 《월남사》는 유물사관을 융통성 있게 받아들이고 표면에 내세우지 않았다. 시대구분을 대체로 그런 방식으로 했으면서 시대구분을 문제로 삼지는 않았다. 《한국사》에서는 유물사관의 시대구분을 따르지 않고 독자적인 시대구분을 하겠다고 표명했다. 그런데 그 결과가 그리 선명하지 않으며, 유물사관에 대한 이론적인 대안을 마련했다고 할 수 있는 데까지 이르지는 못했다.

생극론의 시대구분은, 세 가지 국사서를 시비하는 위의 논의에서, 이미 상당한 정도로 제시했다. 이제 그 성과를 모아서 정리해보기로 한다. 문명권 전체의 공동문어와 세계종교를 공유하면서 그것을 민족문화와 함께 가꾸어온 보편주의의 시대가 중세이며, 중세는 신분에 의한 계급으로 사회가 구성되어, 특권지배신분은 문명권 전체의 보편주의와, 피지배민중은 민족문화의 특수성과 더욱 밀접한 관련을 가지고 서로 대립되면서 융합되는 관계를 가지고 살았다.

타이·월남·한국인이 모두 한문·불교·유교를 받아들이면서 그 과정을 일제히 겪어, 그 이전 고대의 자기중심주의의 시대를 청산한 것은 당연한 일이었다. 그러다가 중세전기에는 문명권 전체의 보편주의를 문명의 중심지와 대등하게 구현하려고 한 것과 다르게, 중세후기에 이르면서 독자적으로 구현해 민족문화와 밀접하게 연관 지으려고 한 것도 공통된 전환이었다. 그때 남쪽으로 이주한 타이인은 문명권의 소속을 바꾸어, 팔리어를 경전어로 한 상좌불교 또는 소승불교를 중세후기의 이념으로 삼았다. 월남과 한국은 불교를 약화시키고 신유학을 새 시대의 사상적 지침으로 삼았다.

중세후기로의 전환과 더불어 민족문화에 대한 인식이 고양되어, 타이와 한국에서는 자국의 문자를 창제하고, 월남에서는 한자를 이용해 월남어를 표기하는 문학을 일으켰다. 피지배민중의 항거가 거세지자 중세후기로의 전환이 불가피하게 요청되었으므로, 새 시대에는 애민 또는 훈민의 이상을 천명하지 않을 수 없었다. 국문의 사용이 그런 이상 구현의 필수적인 방법이었다. 공동문어와 민족어의 이원적인 구조가 민족어를 국어로 삼는 단일 구조로 바뀌면서 보편주의를 민족주의로 대치하고, 신분 대신에 계급에 따라 사회가 구성되는 변화를 겪어 평등사회를 지향하면서 근대에 이르렀다.

그런데 중세에서 근대로의 이행기가 몇 세기 동안 계속되면서 보편주의와 민족주의, 신분에 의한 계급과 생업에 의한 계급이 뒤섞였다. 그 기간 동안 민중의 항거와 새로운 생업인 상공업의 발달로 근대화가 추진되었으며, 그 양상은 나라에 따라 달랐다. 타이·월남·한국은 상공업의 발달이 더딘 점에서는 서로 같고, 민중의 항거가 일어난 정도는 서로 달랐다. 타이는 독립을 잃지 않았으나 왕정이 계속되어 신분제의 전면적인 철폐가 지연되었고, 월남과 한국은 민족해방투쟁을 전개하는 과정에서 평등사회를 지향하는 근대화가 크게 촉진되었다.

이와 같은 방식으로 어디서나 적용될 수 있는 공통된 시대구분을 하면 민족국가들 사이의 패권 다툼이나 우열 경쟁을 이해하는 새로운 관점을 마련할 수 있다. 민족국가들 사이의 패권 다툼은 객관적인 근거를 가지고 다루기 가장 어려운 민감한 사안이다. 어느 나라든지 자기 나라가 이긴 것은 당연하다고 하고 진 것은 부당하다고 일방적으로 주장한다. 국사학은 그 이상의 논의를 전개할 수 없는 근본적인 한계가 있다.

문명사 또는 세계사의 공통된 시대구분에 의거해서
민족국가 상호관계를 비교하는 새로운 작업을 해야
그런 편향성을 시정할 수 있다.

그렇게 하는 작업에서 생극론의 역사철학이 또 한
가지 소중한 기여를 한다. 승패는 표리관계를 가져,
승리가 패배이고, 패배가 승리라고 하는 것이 생극론
의 기본원리이다. 정치적인 승리는 문화적인 패배일
수 있고, 한 시기에 승리했기 때문에 다음 시기에는
패배하는 것이 당연하다. 한 시기의 승리는 그 시기의
역사적인 과업을 다른 나라보다 앞서서 커다란 성과
가 이룩되게 수행했기 때문에 가능하다. 그 때문에 그
시기의 역사적인 과업을 수행하는 데 뒤떨어지고 성
취의 정도가 낮은 다른 민족을 압도하게 마련이다. 한
시기의 성공은 다음 시기로의 전환을 지연시킨다. 잘
나가고 있다는 데 스스로 도취되어 시대변화를 시인
하지 않고, 변화의 필요성을 인정하지 않다가 뒤떨어
지고 망하는 것이 상례이다.

동남아시아 역사에서 보면, 중세전기는 캄보디아의
시대였다. 캄보디아인이 대승불교와 힌두교에 입각한
중세전기 문화를 이룩하는 데 다른 어떤 민족보다 앞

서서 커다란 성과를 거두었다. 푸난(扶南, Funan)왕국을 세우는 데서 시작해서 크메르제국의 영광을 자랑하는 데 이르기까지 캄보디아인이 위세를 떨칠 때 다른 민족은 그 밑에 복속되어 있거나 문화창조의 성과를 나누어 가지기에 급급했다.

그런데 중세전기의 승리는 중세후기의 패배를 가져왔다. 야만적인 외래자 타이인은 중세전기 문화는 자랑할 것이 없어 미련을 가지지 않고, 중세후기를 마련하는 데 앞장섰다. 그 때문에 인도차이나 반도로 이주한 처음 시기에는 크메르제국의 지배를 받다가, 스스로 강자가 되어 크메르제국을 해체해서 궁지로 몰아넣었다.

그 과정에서 타이인은 크메르문화를 대폭 받아들여 자기 것으로 했다. 산스크리트·팔리어와 함께 크메르어를 또 하나의 고전어로 삼아, 크메르에서 재창조한 산스크리트문명을 적극 섭취했다. 타이 왕족이 쓰는 말은 크메르어를 대폭 받아들여 일반 민중의 타이어와 달라졌을 정도로 크메르문화에 경도되었다. 크메르인은 타이인에게 문화적으로 승리하면서 정치적으로 패배했다. 그 반면에 타이인은 패배하면서 승리했다. 남의 문화를 자기 것으로 만든 문화적인 패배는 재창조의 성과를 새로운 역사창조에 활용할 때 승리로 전환된다.

월남인과 참파인의 투쟁에서도 중세전기까지는 산스크리트문명권의 우등생 참파인이 한문문명권의 열등생 월남인보다 우세했다. 참파에서 재현한 산스크리트문명은 본고장에 견주어 손색이 없는 수준에 이르렀다. 월남이 한문문명을 받아들이는 작업은 그렇게 순조롭지 못했다. 오랫동안 중국의 통치를 받다가 가까스로 독립을 얻어, 한문문명권의 중세보편주의를 중심부와 대등하게 구현하기에는 역부족이었다.

그러다가 다음 시기에는 사정이 달라졌다. 월남인은 중국과 맞서서 싸우면서 독립을 지키기 위해서, 공동문어문명의 수용과 민족문화로의 재창조를 열심히 했다. 그 결과 중세보편주의를 독자적으로 구현하는 중세후기의 과업을 성과 있게 수행했다. 그 단계에 이르지 못하고 아직 중세전기에 머무르고 있던 참파보다 우월한 힘을 가지게 되었다. 참파와 월남의 관계에서 선진과 후진이 역전되는 과정의 한 전형적인 본보기를 확인할 수 있다.

산스크리트문명과 한문문명을 비교해보면, 시대 변화에 따른 우열관계의 변화가 있었음을 확인할 수 있다. 중세전기에는 산스크리트문명이 대단한 창조력을 보여, 다른 어떤 문명보다도 빛났다. 한문문명은 그 시기에 상당히 낙후해 있어 산스크리트문명권에서 창조한 불교를 받아들여 사상의 공백을 메워야 했다. 그러다가 중세후기문명은 양쪽에서 각기 높은 수준으로 이룩해 대등하게 되었다고 할 수 있다. 라마누자(Ramanuja)와 견줄 수 있는 주희(朱熹)가 현실 인식에서는 강점을 가지고 출현했다.

그러나 중세에서 근대로의 이행기에 이르면 산스크리트문명권에서는 사상의 혁신이나 경제의 성장이 뚜렷하지 않았다. 동아시아문명권에서는 중국도 달라졌지만 주변의 다른 여러 나라, 한국·일본·월남이 커다란 발전을 이룩했다. 월남과 참파 사이의 우열이 결정적으로 바뀐 이유를 그런 거시적인 구도까지 고려해서 밝혀야 할 것이다.

월남인은 중국에 대항하려고 기른 중세후기의 역량으로 참파를 억누르고, 중세에서 근대로의 이행기에 이르러서는 상층에서 다진 중세보편주의를 하층에 근

거를 둔 민족주체성과 튼튼하게 결합시킨 성과가 밖
으로 분출해서 참파를 멸망시키는 데까지 이르렀다.
그러나 상층이 지배권을 다시 다지면서 민중을 배신
하고 유럽 침략세력과 결탁하다가 마침내 주권을 잃
고 말았다. 중세에서 근대로의 이행기까지 성장해온
민족의 역량을 스스로 훼손시켜 식민지가 되었으나,
시련이 자극제가 되어 세계 역사에서 유례를 찾기 어
려울 정도로 민족해방 투쟁을 격렬하게 전개했다.

　타이인과 버마인의 관계를 보면, 타이가 중세후기
의 승리에 도취되어 있는 동안에 중세에서 근대로의
이행기로 먼저 들어선 버마인이 침공해서 타이의 아
유타야왕조가 망하고, 수도가 폐허가 되었다. 그런데
패배가 승리이고, 승리가 패배이다. 타이인이 버마인
과의 싸움에서 진 것은 참을 수 없는 굴욕이지만, 스
스로 무너뜨릴 수 없는 아유타야왕조가 무너진 것은
패배를 승리로 바꾸어놓을 수 있는 계기였다. 버마인
을 몰아내고 주권을 되찾기 위한 노력이 거듭된 끝에
차크리왕조가 들어서서 국운을 쇄신할 수 있게 된 것
은 버마가 타이를 패배시킨 덕분이다.

　승리에 도취된 버마는 중세에서 근대로의 이행기의

역사를 더욱 바람직하게 창조할 수 있는 계기를 잃고
있다가 식민지가 된 것과 다르게, 타이에서는 폐허에
서 다시 만든 타이인의 국가 차크리왕조가 들어서서
국운을 쇄신할 수 있었다. 새 왕조가 들어서서 몇 대
지나면 으레 영특한 군주가 나타나는 관례에 맞게, 차
크리왕조 제5대 출라롱콘왕은 안으로 노비해방을 단
행하는 등의 사회개혁을 하고, 밖으로 유럽의 근대화
를 주체적으로 수용해서 무력을 가다듬어 영국과 프
랑스의 침략을 차단하고 독립을 수호할 수 있었다.

제국주의 침략이 닥쳐올 때 아시아에서 식민지가
되지 않은 나라는 왕조교체를 이룩한 몇 나라뿐이다.
일본에서 명치유신을 한 것이 왕조교체이고, 중국도
뒤늦게나마 신해혁명을 일으켜 반식민지가 되는 데
그쳤다. 타이 또한 왕조교체를 했으므로 식민지가 되
지 않았다. 버마와 싸움에서 패배한 불운이 그런 행운
으로 바뀌었다.

그런데 타이는 식민지가 되지 않았던 대신에 왕조
를 유지하고, 국왕이 주도하고, 수많은 왕자가 유럽에
유학하고 돌아와서 유럽문명을 이식하는 방식의 근대
화를 한 때문에 근대 이전의 인습을 적극 청산하지 못

하고 유럽에 의존하기만 하는 몰주체적인 경향을 보인다. 그런데 주권을 잃고 식민지가 된 월남은 침략자와 싸우는 민족의 역량을 키우기 위해서 안으로는 민중 주도로 민족사를 해석하고, 밖으로는 유럽문명을 적극 비판하면서 주체적으로 수용해 타이와는 다른 방향으로 근대화를 이룩했다. 타이와 월남의 경쟁에서도 승리가 패배이고, 패배가 승리이다. 그런 사실을 비교해서 연구하는 데까지 이르러야 국사를 넘어서는 국사를 해서, 세계를 향해서 열린 학문을 할 수 있다.

7. 작업 확대를 위한 전망

지금까지의 논의는 동아시아의 역사에도 그대로 적용될 수 있다. 동아시아에서도 한국사를 중국사나 일본사와 비교해서 고찰하면서 이와 같은 작업을 해야 한다. 세 나라는 영토를 변경하면서 우열관계를 바꾸지는 않고, 문화적이거나 경제적인 역량의 비중이 시대에 따라 달라졌다.

중세전기까지는 중국의 시대여서 한국이나 일본이

어느 면에서든지 중국을 넘어설 수 없었으며, 오직 중국을 열심히 배우고 따라야 했다. 중세후기에 이르러서 중세보편주의를 독자적으로 구현할 때에는 사정이 달라졌다. 중국을 배우고 따른 성과를 민족문화에 대한 자각과 결합시켜 문명권의 주변부에서 중심부보다 문화수준을 더 높일 수 있었다.

한문학권 공동의 고전적 명문 창작이 중세전기의 마지막 시기인 북송 시대에 끝난 다음에 이규보(李奎報) 이래의 한국문학에서, 또한 월남의 완채가 수준 높은 한문학으로 민족의식을 고양시킨 데서 새 시대로 전환한 양상이 특히 선명하게 드러난다. 중국은 시대변화를 인식하지 못하고 인정하지 않아 뒤떨어지기 시작하고, 중세후기에도 아직 볼만한 성장을 하지 못한 일본은 중세전기까지 중국에서, 중세후기에 한국에서 이룩한 문화성장을 배우기도 하고 빼앗아가기도 해서 중세에서 근대로의 이행기에는 강자로 등장하기 시작했다.

중세후기에 아주 잘나가고 있던 한국이 자만하다가 후발주자 일본의 식민지가 되고 만 것은 승리가 패배로 바뀌는 당연한 전환이 극단화한 예이다. 그런데 일본은 근대의 승리에 도취되어 근대 청산의 필요성을 인정하지 않고 유럽문명권의 근대를 이식하는 데 만족하고 있는 것과 다르게, 식민지에서 해방되어 다시 민족분단의 수난을 겪고 있는 한국은 민족사를 타개하기 위해서는 근대를 극복하는 세계사의 변혁을 위해 분투하지 않을 수 없다. 이 글을 쓰고 있는 것도 그런 작업의 하나이다.

국가끼리의 쟁패에 관한 지금까지 논의는, 잘못 이해하면 싸움을 부추기고 승리를 구가하는 무용사관을 제시한 것처럼 보인다. 이제는 이웃 여러 나라와 평화롭게 지내자고 다짐하면서 무력 쟁패를 일삼은 과거사에는 되도록 관심을 두지 않으려고 하는 것이 오늘날 국사를 서술하는 바람직한 태도인데, 이는 시대를 역행하는 낡은 사관을 제시하는 것 같다. 과거를 청산하기 위해서는 과거를 제대로 알아야 한다.

서로 투쟁해온 사실을 무시하고 역사를 서술할 수 없다. 투쟁을 드러내야 화해를 이룩할 수 있다. 과거 역사에서 전개되어온 승패의 관계를 알아야 미래의 역사를 현재와 다르게 이룩할 수 있다. 미래에는 현재의 승패가 역전되어야 하기 때문에, 승패의 내력을 알고, 역전이 어디서 어떻게 이루어질 것인가 예견해야 한다.

어떤 방법을 쓰든지 장차 일어날 일을 과학적으로 예견할 수는 없기 때문에 역사연구의 의의를 평가할 수 없다고 하는 것은 잘못이다. 어떤 일이 일어날 수 있는 가능성은 입증할 수 있어도 그런 일이 반드시 일어난다고 말할 수는 없다. 역사연구가 과학이 되기에는 부족한 결격 사유가 있기 때문은 아니다. 역사창조에 자유의지가 작용하는 것이 더 중요한 이유이다.

역사는 자유의지를 가진 인간의 실천 활동에 따라 창조된다. 그 점에서 자연의 움직임과 다르고 생물계의 현상과도 구별된다. 가능성이 있는 일을 실제로 하는가, 누가 언제 어떻게 하는가 하는 것은 구체적으로 예견할 수 없다. 점쟁이는 그렇게 할 수 있다고 하지만, 사학자는 점쟁이가 아니다. 자유의지가 어떻게 발현될 것인가는 당사자의 의지에 달려 있다.

역사연구는 가능성이 있고 의의가 있는 일을 발견해서 제시하고 그것을 실현하는 실천 활동을 힘써 하도록 촉구하는 의무가 있다. 가능성이 없는 일은 힘써 해도 소용이 없다. 의의가 없는 일이 의의가 있다고 착각하지 말아야 한다. 그 두 가지 사항을 일깨워 주는 것만 해도 소중한 기여를 한다 하겠으나, 거기서 더 나아가야 한다.

가능성이 있고 의의가 있는 일이라도 힘써 하지 않으면 실현되지 않거나 다른 사람의 몫이 된다. 나중에 다른 누가 해서 실현이 너무 늦어질 수 있고, 너무 늦으면 가능성의 시효가 소멸될 수도 있다. 가능성이 있고 의의가 있는 일을 힘써 하기 위해서는 그런 사실에 대한 객관적인 판단을 하는 데 그치지 않고 주체자 자신의 능력을 또한 점검해야 하는데, 그것 또한 사학의 중요한 과제이다. 자유의지는 필연에 의해 준비된 가능성과 합치되게 발현되어야 한다는 것을 알려주는 것이 역사가의 임무이다.

역사가가 따로 있고 실천가가 따로 있어야 하는 것은 아니다. 주체와 상황의 만남을 판단하고 유도하는 데까지 나아가서, 자기 스스로 실천의 주체가 되는 것이 역사 이해의 최종적인 효용이다. 연구는 실천의 의해 완결되지만, 그 일이 일거에 이루어지는 것은 아니다. 실천의 지침인 이론을 실천하면서 점검하고 수정하면서 학문연구를 계속해야 한다. 학문은 세계를 설명하는 데 그치지 않고 세계를 변혁시키는 데까지 나아가야 한다는 마르크스의 지론에 동의한다. 그러면서 이제 설명의 방법과 변혁의 지침을 변혁해야 하므로, 새로운 논의를 전개한다.

승패의 역전을 명쾌하게 해명하기 위해서 민족과 민족의 관계를 드는 것보다 문명권과 문명권의 관계를 드는 것이 더욱 바람직하다. 여기서는 편의상 동아시아문명과 남-동남아시아문명을 합쳐서 아시아문명이라고 하겠다. 유럽문명이 이기고 있고 아시아문명이 지고 있는 것이 지금의 상황임은 아무도 부인할 수 없다. 그 사실을 부인하거나 무시하면서 역사를 논하자는 것은 책임회피이고, 유럽문명권의 우위에 관해서 아무런 문제도 제기하지 않겠다는 것은 직무유기이다. 지금 유럽문명권이 우위에 있고 아시아문명권이 열세에 있는 것은 과거에는 아시아문명이 더욱 발전되어 있었기 때문에 필연적으로 생긴 역전이다.

유럽인은 아시아가 탐나서, 아시아의 발명품인 나침반, 화약, 종이 등을 이용해서, 약탈을 하고, 장사를 하러 오다가, 그래도 수지가 맞지 않고 살길이 막

막해서 산업혁명을 일으켰다. 산업혁명을 일으킨 다음에는 유럽인이 강자가 되어 아시아를 식민지화했다. 아시아인은 풍요로움을 누리고 있어 다른 곳으로 진출할 필요도 없고, 산업혁명 같은 것을 일으킬 필요도 없었기 때문에 패배했다.

그런데 승리와 패배가 역전되는 일은 한 번으로 끝나지 않고 다시 온다. 이제는 아시아가 일어날 차례이다. 아시아는 빈곤하며 멸시받고 있으므로 일어나야 한다. 지난날에 축적한 역량 덕분에 일어날 수 있다. 유럽문명권은 자만하다가 자멸한다. 그 두 가지 사실은 필연적이다. 그러나 유럽문명권의 어떤 약점이 가장 치명적인 것인가, 아시아가 무엇으로 일어나는가 하는 문제는 자명하지 않다. 힘써 연구해야 한다. 그 문제를 연구해서 해답을 얻는 것이 연구의 목표이다.

문명권과 문명권의 관계가 그럴 뿐만 아니라, 국가와 국가, 민족과 민족, 지방과 지방, 계급과 계급의 관계, 또는 개인과 개인의 관계도 근본적으로 이와 일치한다. 승리가 패배이고, 패배가 승리라고 하는 생극론의 역사철학은 어디서나 동일하게 적용되면서 그 구체적인 양상은 각기 달라진다. 구체적인 양상에

대한 개별적인 연구는 이제부터 힘써 해야 한다. 개
별적인 연구가 풍성하게 이루어져야 이론이 더욱 발
전된다.

일반론을 더 전개해, 승리가 패배이고, 패배가 승리
임을 밝혀, 실천의 지침이 되게 해야 한다. 승리가 패
배이므로, 누구든지 자기네의 승리에 도취되어 있지
않고, 승리의 이면을 생각하고, 승리가 패배로 역전되
는 과정을 알 수 있게 해야 한다. 패배가 승리임을 일
깨워주는 데서는 그보다 더욱 긴요한 실천지침이 마
련된다. 패배 때문에 비관하지 말고, 승리자의 승리를
부러워하거나 본뜨려고 하지 말고, 패배가 이유가 되
어 승리가 가능한 전환의 국면을 발견하고 실현할 수
있게 해야 한다.

승리가 패배로 역전되는 것은 피할 수 없게 다가오
므로 사실을 직시하면서 낭패하지 않고 수긍하는 정
신적 자세가 긴요하다. 그러나 패배를 승리로 역전시
키는 것은 실천의 과제이다. 슬기롭게 판단해서 적극
적으로 노력해야 역전의 가능성이 실제로 구현된다.
뛰어난 통찰력으로 단호한 결단을 내려, 감내하기 어
려운 간고한 투쟁을 해야 하는 것이 예사이다.

　이치의 근본을 밝혀 논하면, 승패는 서로 반대의 것을 가져온다. 승리를 구가하면 패배하고, 패배를 각오하면 승리한다. 투쟁을 하면 화합을 이룰 수 있고, 화합을 하려고 하면 투쟁을 일으킨다. 투쟁이 화합이고, 화합이 투쟁임을 밝히는 것이 생극론 정립의 긴요한 일거리이다. 그 이치를 역사철학으로 구현하고, 역사 서술에서 실제로 구체화해야 한다.

　모든 것이 다 그렇듯이, 민족국가나 민족도 투쟁해서 승패를 나누면서 스스로 원하지 않은 바이지만 서로 자극을 주고, 서로 가르쳐주고, 공동의 문화를 창조하고, 역사 발전의 길을 함께 간다. 미래에는 현재의 우열이 역전되어야 한다는 것은 역사창조의 공동작업을 확대하고 고양시키자는 말이다. 그 과정을 길게 보면, 누구든지 대등하므로 행복도 불행도 없다는 것은 아니다. 크고 작은 불행을 각기 그것대로 소중하게 다루는 세부작업을 소홀하게 여기지 말아야 한다.

　역사 이해에서 순환사관과 발전사관의 논쟁이 오래 두고 계속되어왔다. 그런데 생극론의 역사철학은 그 둘을 한꺼번에 포괄한다. 승패의 역전이 되풀이되는

것은 순환이다. 순환이 인정되어야 하기 때문에 과거
의 역사가 현재에서 미래로 나아가는 데 교훈이 된다.
역사를 연구해서 미래를 설계한다는 것은 순환사관에
서만 가능하다. 그 점에서 생극론은 순환사관이다. 그
러나 승패의 역전이 과거에 있었던 것과 동일하게 되
풀이되지 않는다. 시대가 달라지면 무엇이 승리이고
무엇이 패배인가 하는 승패의 성격도 달라지고, 승패
가 역전되는 이유 또한 달라진다.

그렇게 해서 인류 역사는 과거에 볼 수 없던 새로운
양상으로 전개된다. 사회구성이나 인간관계에서 모순
을 제거하고 문제를 해결할 뿐만 아니라, 문화적인 창
조에서 전에 볼 수 없던 창의력을 발휘해서 물질생활
이나 정신생활을 더욱 풍요롭고 다채롭게 한다. 그것
이 발전이다. 지금보다 더욱 발전된 미래 세계를 막연
하게 상상할 수는 있어도, 구체적으로 예견하기는 어
렵다. 발전이 비약적인 성격을 지니기 때문이다.

8. 마무리 삼아

생극론의 원리가 역사에서 실제로 구현되는 과정은 이렇게 대강 말할 수 있는 것보다 훨씬 복잡하므로 자세하게 분별해서 말하는 각론이 필요하다. 생극론의 원리가 실현될 때 차질이 생기기도 하고, 차질을 모르고 극복하지 못해 실패를 저지르기도 한다. 모든 것이 필연일 수 없고, 필연에 우연이 있고, 우연에 필연이 있다. 주어지는 것과 만들어내는 것의 관계도 또한 그렇다. 그 모든 경우를 미리 헤아려 복잡한 수식과 같은 이론을 만드는 것은 쉬운 일이 아니며, 유익하지 못하다.

총론과 각론, 이론과 실증의 유기적인 연결을 언제나 다시 시도하면서 새로운 연구를 개척하고 미비점을 보완해야 한다. 이 글은 생극론의 역사철학을 총론의 측면에서 더욱 발전시키는 작업을 각론의 예증을 들어 전개해, 설득력 있는 결과를 가져왔다고 할 수 있고, 둘 다 엉성하게 되었다고 할 수도 있다. 이룬 결과가 나 스스로도 불만이어서 계속 분발하지 않을 수 없다.

위에서 제시한 착상을 타이사·월남사·한국사의 범위 안에서라도 자세한 사실을 들어 구체화해서 논술하려면 큰 책을 여러 권 써야 한다. 그것은 내가 감당해낼 수 있는 일이 아니다. 국사를 문명사로, 문명사를 세계사로 발전시키면서 생극론의 역사철학을 구체화하는 작업을 문학사의 측면에서 계속 추진하는 것만 나 자신이 직접 맡아야 할 과제로 삼는다.

그 일이 어떤 의의를 가지는지 밝히는 서론의 하나로 이 글을 쓰면서, 사학자들의 분발을 촉구한다. 학문의 국경을 침범했다고 나무라기만 하지 말고, 나의 제안에 대해서 진지하게 응답하면서 문학사를 두고 하는 작업보다 더 크고 훌륭한 일을 다른 여러 측면의 사학에서 풍성하게 이룩하기를 바란다. 그래서 국사를 넘어선 국사의 커다란 성과가 이룩되어 세계사 이해를 근본적으로 바꾸어놓는 데까지 이를 것을 기대한다.

나 스스로 문학과의 관련을 넘어서서 사학을 정면에서 하겠다는 분에 넘친 헛된 희망을 버리도록 나 자신을 설득하기 위해서 사학자들을 심하게 나무라는 이 글을 쓰지 않을 수 없었다. 이웃 학문을 하는 사람들끼리 서로 비평을 하면서 자극을 주고 협동을 하는 것이 우리 학문을 함께 발전시키는 최상의 방안이다. 이제 다음 차례로 국사학계에서 국문학계를 향해서 더욱 험악한 말로 비판을 해주는 것이 공동작업을 위한 최대의 축복이라고 생각하면서 기다리고 있겠다.

제3부 재검토와 결론

1. 재검토

지금까지 한 말에 대해서 많은 반론이 제기되리라고 예상한다. 반론에 대해 응답하면서 논의를 재검토하고 더욱 분명하게 하고자 한다.

[반론] 국사는 나라에 대해 자긍심을 가지는 올바른 역사관을 심고, 안으로는 애국주의를 기르고, 밖으로는 외침을 막는 자주의식을 키우는 과목인데, 왜 이상한 소리를 해서 혼선을 빚어내는가?

[응답] 우리나라만 홀로 위대하다는 생각은 버려야

한다. 이제 다른 여러 나라 사람들과 화합하고 협동하는 세계인을 기르는 교육을 해야 한다. 우리에게 남다른 장점이 있다면, 세계적인 화합과 협동을 위해 특별히 기여하는 것을 확인해야 값지다. 최상의 애국주의는 세계주의이다. 자주의식은 다른 나라 모든 사람들과 공유해야 더욱 소중하다.

한국인은 한국인이면서 동아시아인이고, 동아시아인이면서 세계인이다. 이 점을 분명하게 인식하도록 교육해야 한다. 외톨이로 남아 있으면서 잘났다고 뽐내지 않고, 동아시아를 집으로 삼고, 세계를 일터로 삼는 한국인이 훌륭한 한국인이다. 이런 교육을 하는 데 역사가 앞서야 한다.

우리도 과거 어느 시기에는 강성대국이었다고 자부하는 것은 여러모로 해롭다. 사실 판단을 부정확하게 하고, 과장하는 버릇을 기른다. 제국주의 시대의 무용(武勇)사관의 피해자였으면서도 추종하니 어리석다. 강성대국을 흠선하고 질투하는 심리장애 때문에 제대로 알지 못하고 적절하게 대응할 수 없게 된다.

강성대국 노릇을 강행하면 자국민이 힘들고 밖에서 싫어해 이중으로 불행하다. 강성대국이 되고자 하는

생각은 아주 버리고 문화를 무력보다 더욱 존중하면
서 슬기롭고 평화스럽게 살아가는 수많은 나라를 가
까운 벗으로 삼고 교류하고 협력하는 데 힘써 세계가
평화롭게, 인류를 행복하게 해야 한다. 이렇게 하는
것을 통일 후 우리나라의 사명으로 삼아야 한다.

[반론] 역사와 창조가 어떤 관련이 있는가? 공연히
연결시켜 혼란을 일으키는 것 같다. 창조는 무엇을 만
들어내기 위해 필요한데, 역사 공부를 해서 어떤 것을
만들어낸다는 말인가?

[응답] 현실을 비판하고 재창조하는 능력을 역사 공
부에서 기르자고 했다. 자초지종이 밝혀진 과거의 현
실을 앞에다 두고, 한 걸음 물러나 문제를 발견해 논
란하고 마땅한 해결책을 찾는 것이 창조력 함양을 위
한 최상의 방법이다. 이것이 바람직한 역사교육의 과
제이다.

그렇게 해도 과거의 현실은 재창조하지 못한다. 다
르게 진행되었다고 가정하고 고찰하는 것은 검증의
한 방법일 따름이다. 역사 공부는 오늘날의 현실을 재

창조하는 방향을 발견하고 설계도를 마련하는 것을 목표로 한다. 그 성과를 실행하는 것이 역사창조이다. 역사창조가 최대의 창조이고, 최상의 창조이다.

역사창조라고 하니 엄청난 말이라고 생각하고 거부감을 가질 수 있다. 남들이 한 역사창조를 뒤따르면 되고 스스로 창조는 필요하지도 가능하지도 않다고 여기는 패배주의나 퇴영적 사고방식만 만연해 있어 이런 반응이 나온다. 국사 공부는 우리가 역사를 창조해온 과정에 대한 탐구이고, 그 능력과 안목을 계승하고자 하는 노력이다. 이 점을 분명하게 하는 것이 국사교육의 핵심과제이다.

지금은 우리 역사만 창조하면 되는 것이 아니다. 우리 역사의 창조가 동아시아사의 창조이고, 세계사의 창조이다. 인류 전체를 위해 세계사를 바람직하게 창조하는 데 헌신하는 것을 목표로 삼고, 이에 맞는 교육을 해야 한다.

　[반론] 하는 말이 모두 현실을 무시하고 있다. 대학
입시 특히 수능과 전혀 맞지 않은 허황된 이상론을 펴
서 혼란을 일으켜도 되는가?

　[응답] 대학입시 혁신을 함께 해야 한다. 수능시험
은 만점을 요구한다. 주의력이 산만하지 않아야 만점
을 받을 수 있다. 주의력을 가장 중요한 능력으로 평
가한다. 주의력은 창조력과 거의 상반된다. 창조력이
앞서면 주의력이 산만하게 마련이어서 실수를 많이
하는 탓에, 수능 점수가 나빠 대학에 입학할 수 없다.
창조력을 갖춘 인재는 배제하는 대학 입시를 그만두
지 않고 '창조경제'를 외치는 것은 무지가 아니면 기만
이다.
　우리는 아직도 후진국이어서 기능공 양성과 선발이
가장 긴요한 과제라고 여기면 지금 하고 있는 대로 하
면 된다. 이제 선진국으로 나서서 지금까지 어디에서
도 하지 않은 과업을 발견하고 수행하는 창조력을 갖
추어야 한다. 이것이 교육의 당면 과제이다.
　전쟁이 끝나고 얼마 되지 않아 아직 후진국이었던
시절인 1950년대 후반에는 대학 입시가 어디든 논술

고사였다. 선진국시대에 후진국 입시를 실시해 그동
안의 발전을 와해시키고 출발점으로 되돌아가려는 것
은 아주 어리석다. 입시를 쉽게 해서 인기를 얻으려는
기만 성향의 인기주의가 나라를 망친다.

　1950년대 후반에 서울대학교 입시를 치러 생생한
기억이 남은 것을 전한다. 1957년도 국사 시험에서는
"고려시대 토지제도를 논하라"고 하고, 1958년도 국
어 시험에서는 "《춘향전》의 문헌학적 가치를 논하라"
고 했다. 놀랄 일이 아닌가. 지금 같으면 거국적인 시
비가 일어날 것인데 그때는 잠잠했다. 대학에 출제의
재량권이 있다고 믿고 따랐다.

　토지제도는 국유의 명분과 사유의 실상이 달라 문
제가 되었다. 사유의 실상이 너무 확대되어 고려가 망
하고 전제개혁을 거쳐 조선왕조가 들어서서 국유의
명분을 우위에 두었다. 《춘향전》의 문헌적 가치는 구
비창작인 판소리가 문자로 정착되어 소설이 되면서
수많은 이본이 생겨 심각한 문제로 제기된다. 차이가
너무 많아 말썽인 《춘향전》 여러 이본을 타락되고 훼
손된 자료라고 보고 잘못을 바로잡고 원본을 복원하
려고 하는데, 다양성과 대립상을 소중하게 평가해야

한다는 반론이 타당하다.

이 대목을 읽고 "고등학교를 졸업하고 대학에 입학하려는 학생이 이런 것을 알고 논술해야 하는가?", "박사 시험을 보는가?", "우리 아이를 죽이려고 하는가?" 하고 펄펄 뛰고 나서서 욕질하는 사람들이 있을 것이다. 대학입시가 모든 지망생을 입학시키는 시험이라면 그렇게 항의할 만하다. 지금의 수능은 모든 지망생을 입학시키는 시험인 듯이 속여 민심을 달래느라고 교육을 망친다.

대학입시는 냉혹한 선발이다. 우수한 인재를 선발하는 것이 당연하다. 위에서 든 것들 같은 문제를 탁월한 식견으로 거뜬하게 풀어내는 아주 우수한 인재는 우선적으로 선발해야 한다. 점수 차를 많이 두고 채점을 해서, 어느 과목 성적이 뛰어나면 다른 과목 시험은 망쳤더라도 입학할 수 있게 해야 한다.

[반론] 교과서 외에 다른 여러 책을 함께 보고 공부를 하라는 것은 무리한 요구가 아닌가? 그러면 교과서와 교과서 아닌 책의 구분이 없어지는 혼란이 생기지 않는가? 시도 교육감들이 자기 고장의 국사 교과서를

따로 만든다고 나서는 것은 어떻게 생각하는가?

[응답] 역사뿐만 아니라 다른 어느 교과목에서도 교과서와 교과서가 아닌 다른 책의 구분을 완화하고 간격을 줄여야 한다. 교과서와 함께 다른 여러 책을 보면서 비교해 고찰하는 공부를 해야 한다. 그래야 문제 발견과 토론을 성과 있게 할 수 있다.

교과서 외에는 교과서를 해설하는 참고서나 보면 된다는 것은 잘못이다. 교과서와 함께 보아야 할 책은 교과서를 해설하는 참고서가 아니고 교과서와 대등한 책이어야 한다. 차이가 클수록 좋다. 교과서 공부를 다 한 다음 별개 내용의 교양독서를 한다는 것도 잘못이다. 교과서에 대해 토론하고 논의를 확장하는 책을 읽어 공부를 더 많이 해야 한다.

시도 교육감들이 나서서 따로 만드는 국사 교과서는 지방사에 중심을 두는 것이 바람직하다. 국사를 동아시아사·세계사로 확대하자는 말만 하고, 도 단위, 시군 단위의 지방사를 갖추어 내실을 갖추자는 말은 못했으므로 지금 보완한다. 사실은 이에 관해서 오랫동안 역설한 바 있으므로 여러 저서를 보아주기 바란다.

[반론] 그럴더라도, 왜 남들은 하지 않는 말을 늘어놓으면서 분에 넘치는 주장을 펴는가?

[응답] 국사 국정 교과서 집필에 참여하지 않겠다고 선언하면 학자들이 할 일을 다 하는 것은 아니다. 국정 교과서를 만들지 못하게 막고 현재의 검인정 제도를 수호한다고 투쟁의 목표를 달성하는 것은 아니다. 그 이상의 대안이 필요하다. 나는 문학사를 사회사나 사상사와 합치고, 한국사에서 동아시아사·세계사로 나아가는 대혁신을 위해 분투하고 있어 적극적인 대책을 제안할 수 있다.

심각하게 위협받고 있는 자유를 수호하기 위해 자유를 제한해야 한다는 것은 뼈아픈 실패를 하고 물리친 유신시대의 망상이다. 주권을 상실하고 타국의 지배를 받을 염려가 있다는 경고는 한층 심한 피해의식을 이용해 권력을 굳히려는 책동이다. 국정을 담당하면 국민을 계도하고 훈계할 수 있다고 생각하는 것도 전체주의의 발상이다. 이런 비판을 늘어놓으면 반대운동의 임무를 다하는 것은 아니다.

상대방이 틀렸으므로 나는 옳다고 하는 단순 논법

에서 벗어나야 한다. 여당보다 야당에 할 말이 더 많다. 야당을 상대로 시비를 한다. 유신의 발상이 낡은 것만큼이나 유신 반대에 그치는 논법도 낡았다. 반대에만 매달리다가는 청산의 대상이 되는 운명을 함께 겪어야 하니 정신을 차려야 한다. 앞서 나가는 학문 연구 성과를 받아들여 철학을 갖춘 정견을 마련해야 한다. 미래를 위한 설계도를 제시해야 한다.

이 기회에 국사교육의 내용과 방법에 대해 전면적인 재검토를 하면서 교과서 문제를 새롭게 해결하는 획기적인 대안을 마련해야 한다. 검인정 제도를 되살리면 된다고 안이하게 생각하지 말고, 집필 요강과 검정 기준을 다시 설정해야 한다. 교육의 근본을 바로 잡는 더 큰일을 해야 한다. 시대가 바뀌고 한국의 위상이 달라진 변화를 반영하는 데 그치지 않고, 새로운 역사를 창조하면서 앞으로 나아가는 교육을 하는 진취적인 대책을 내놓아야 한다.

2. 결론

모든 논의를 아울러 결론을 간명하게 제시한다.

(1) 문화사를 소중하게 여기는 종체사인 국사를 동아시아사·세계사와 관련시키고 병행해서 서술하고, 책이나 교과목 이름을 '역사'라고 한다.

(2) 이런 작업을 상이하게 수행한 여러 저작을 검정해 교과서로 선발하고, 각 학교에서 그 가운데 하나를 채택해 기본 안내서로 삼는다.

(3) 채택하지 않은 검정 교과서 모두, 관련 서적 다수를 충분한 양을 확보해 학교 도서관에 비치하고, 학생들이 적극 이용하도록 한다.

(4) 수업은 문제를 발견하고 토론하는 방식으로 진행하고, 자발적 참여와 창조적 사고를 존중하고 평가한다.

(5) 한국의 위상이 향상되고 시대가 달라져 더욱 요구되는, 세계사를 바람직하게 창조하는 능력을 기르는 교육을 역사 교과에서 앞서서 한다.